東亞民俗學稀見文獻彙編
第一輯

東京雜記

東京雜記　閔周冕等撰

韓國漢籍民俗叢書

第三冊

東京雜記

東京雜記目次

東京雜記目次終

東京雜記刊誤

輿地勝覽以狼山爲鎭山非也

新羅故宮闕基以狼山爲鎭以仙桃山爲案鴈鴨池天柱寺皆在闕內芬皇寺在其北黃龍寺在其南史所謂積板宮疑此闕也勝覽之以狼山爲鎭山蓋指羅都則以狼山爲鎭山蓋得之也○案史文武王於宮內穿鴈鴨池池邊築爲巫山十二峰今池與峰在芬皇寺南千餘步天柱寺基之東百武池之東地勢最平石礫最多正故宮殿之基也○崔唯清道詵國師碑銘云師卒於內佛堂天柱寺○金東峰天柱寺詩題曰新羅內佛堂也○三國遺事亦曰天柱寺卽內佛堂琴匣僧乃此寺僧今之帝釋院高麗時內帝釋院在闕內爲朝夕焚修之所遺事乃高麗時所作也○三國遺事曰芬皇黃龍之間乃大內也○佛國寺記曰芬皇寺在龍宮北黃龍寺在龍宮南羅人以王宮爲龍宮蓋仍龍顏之語而爲之也今芬皇寺正在鴈鴨池北黃龍寺今不知何處誌曰在月城東蓋可認也若今坻俗所傳舊黃龍寺乃月城北非東也蓋本芬皇寺而坻俗誤分爲黃龍寺也今考王宮皆稱龍宮或此宮俗號龍宮如梁宮大宮之類也

金城在府東四里今有遺址而瞻星臺天柱寺基鴈鴨池芬皇寺皆在其中赫居世二十一年所築終新羅之亡皆爲王城故崔致遠繡幀記曰降自兜率來臨金城高麗太祖答甄萱書曰金城窘迫黃屋蒼黃

月城明活城南山城皆離宮往來之地史曰始祖已來皆居金城後世多居兩月城文武王作長倉於南山城以爲倉卒入保之地賜金庾信妻南城租一千石卽此倉租也

城門一大井門二吐山良門三習比門四王后梯門又有犬首谷門

宮有永明宮月池宮積板宮永昌宮大宮梁宮沙梁宮又有藪宮靑淵宮夫泉宮且熱音宮屏村宮北吐只宮弘峴宮葛川宮善坪宮伊同宮平立宮此皆離宮之散在他地非盡在王城也

正殿曰朝元殿內寢曰內黃殿又有崇禮殿講武殿平議殿臨海殿瑞蘭殿同禮殿又有鳴鶴樓月正堂萬壽房月上樓望恩樓皷月樓

宮門有臨海仁化武平玄德歸正遵禮的門庫門○按文武王始定諸宮門額號則宮殿門號皆文武時所定也然朝元平議內黃等殿則文武前已有之遺事曰王御歸正門赦又云安吉至歸正門外以告則歸正乃最外之正門又曰歸正西門也闕之西向亦可證也又有應門

六部之祖似皆從天而降

按我東爲國始於平壤檀君之所興箕子之所封皆在平壤秦漢之際衛滿來奪而箕準南奔韓地都金馬城仍號馬韓而韓地別部又有卞韓辰韓之稱各有聚落必有如後漢書所書或五十四國或十二國自相聚分者而皆屬於馬韓蓋箕氏原東方之主也故新羅史曰馬韓王讓瓠公曰卞辰二韓爲我屬國比年不輸職貢史官仍曰前此中國之人

苦秦亂東來者衆多處馬韓東與辰韓雜居至是寖盛故馬韓忌之後漢書曰馬韓最大盡王三韓之地都目支國二韓及諸國之長皆以馬韓人爲之又始祖十九年卞韓以其國來降則赫居世乘箕氏之欲亡馬韓之失紐不能統屬遠地之時倔起立國首併卞韓又得中國避亂東來之人馴致强盛雖夷無文物之備載籍又不能詳則自今視之雖若太古以其時考之在中國爲漢之季世在東方則亦箕氏之末也人民之生固已久矣而戰爭紛紜淳風亦死寧有若人物始生之初形化無處而乃有氣化之人如是之夥哉其異姓相傳亦由於不知人倫統緖之重而均視子女又封贈其父與妃父皆葛文王終羅亡以是爲法蓋由於夷俗之陋非因樸古之風也崔氏亦六部之一而新羅學士崔仁渷撰白月禪師碑曰崔氏本齊丁公之裔而初來𦵏郡仍留鷄林其自叙初自出亦明矣何嘗以爲自天降也新羅文獻無徵俗好恠誕稍出人一等者及爲人有名之祖者皆以爲其生也奇恠自天朴氏昔氏金氏無不以是稱之至以六部之長皆自天降其妄謬亦已甚誌乃備書而傳述之以爲實錄其亦謬矣

後朝鮮武康王旣南遷爲馬韓衛滿繼據其故地漢武討滅之置四郡以其荒忽遐遠不甚經理則朱蒙以其間竊取立國高句驪所據乃四郡之地非三韓之境溫祚避類利南奔馬韓借以百里之地使之立國故百濟史曰馬韓遣人責之曰王初渡河無所容足吾割東北一百里之地安之待王不爲不厚云則溫祚之南非有空閑無主之地特借馬韓地爲附庸遷都則告得鹿則獻使之毁熊津城則毁事之不爲不謹及其爲王之二十一

年以馬韓之漸弱上下離心襲而滅之全有其地而圓山錦峴二城不下舊將周勤又據城以攻溫祚則遺民之不忘箕氏亦至矣以此考之百濟代馬韓而王焉新羅併卞辰而有之句驪本不與於三韓而崔致遠强以三國分屬三韓以辰韓爲新羅則是矣以卞韓爲百濟以馬韓爲高句驪則其謬妄不足多卞而權近考百濟史明知百濟之爲馬韓而高句驪無某韓之可擬以卞韓事蹟未詳故妄以卞韓爲高句驪若卞韓爲句驪則箕準既避衛滿而南矣馬韓何以曰辰卞二韓本屬我國赫居世十九年又何以併卞韓乎且以漢書考之卞韓屬國最小則辰卞二韓皆在嶺南而新羅立國之初已併卞韓矣四郡界限今雖不可知而樂浪本濊貊之地今春川江陵等處故與三國皆接壤而相鬭地勢固然矣所以詳辨於此誌者蓋欲以見新羅之立國本因辰韓之國箕氏之衰本非洪荒無君長而赫居初立有若天皇氏也故新羅人推原立國之始曰朝鮮遺民分居東海上蓋可想矣

崔致遠作全州都督金公影幀記曰金氏少昊之孫金巨勿三郞寺碑亦云薛因宣撰金庾信墓碑則以庾信亦少昊之裔金富軾因此爲證以首露王亦新羅同姓皆不可考但當時不能通中國而六部之姓皆用漢姓意或中國避亂之人居此多爲部落之長而金氏亦其東來人中一姓或往駕洛或留鷄林皆不可知而金櫝天降之說愚俗之以金字傅會也少昊之孫云者事唐之後妄自誇大其所出猶唐之祖皐陶句驪之稱高辛也

井田遺基尚存

赫居之立當漢宣帝則中國之無井田亦久矣箕子東來固行井田平壤有遺基韓久庵百謙考据甚精千載之下足以知殷人七十之制亦一奇事而赫居世在箕王南遷二百年後則箕子之制亦何以追述而行之且不知遺基者指何處何基而邑人妄指城東民家溝澮之相距百步則良不滿一笑街通十字坊分百步古今天下建都設邑之例法中國都邑無不皆然而倭人之舊京亦用此法具在海東記　國初鄭道傳亦欲以此經畫漢京始於壽進坊等處中道被誅其事未究故我京坊里無甚次第新羅盛時坊分一千三百餘戶餘十七萬宮闕佛宇皆在十數里之內想十數里內皆有坊里間界而今則皆成田畝無復可尋只此邑底自新羅至今終始人家無成墟之時故偶餘當初坊里界畫耳以此爲井田豈不可笑

始祖上天七日五體散落分葬五處號五陵

天下萬古固有奇恠之事是則決無是理今見陵制後丘本出於築土爲主山古者王侯之葬皆築土爲山故漢文始有因山之詔中三丘相連爲陵而左右陵微小而狹長宛然便房之制本非難識赫居之時旣多中國之人故倣中國之制以葬其主理無足恠者且儒理南解婆娑三王皆葬始祖陵內而今無其墳其他王之不知墓者尙多始祖之後連世同原而其墓有五故謂之五陵或有蛇異故謂之蛇陵而五體之說始出佛書始祖之世天下無佛中世以後羅人沉酣佛說事事皆佛而佛教尙恠故不諷事理只恠之爲以其稱五陵蛇陵而因造此恠說俚俗所傳無非吊恠而此其尤也

左右倉在南山城内
文武王卽位初作南山長倉長五十步廣十五步貯兵器米穀是爲左倉天恩寺西北山上置倉是爲右倉高麗左右倉仍羅舊號今以左右倉爲一倉之號誤也

金生僧人也
三國史只稱金生不言其爲僧遺史曰金生隱居不仕金生書畫自識皆不稱僧白月碑與僧端目並書而金生則只稱金生端目列於金生之下而稱釋端目金生之非僧章章明矣

先輩男子之通稱
唐進士同在場屋而選試在前者謂之先輩其說詳具於唐人進士雜識而此稱在宋猶然歐陽文可考也羅人自太宗王以後入唐在學者常數百人文宗放送新羅學生二百人是也故羅人學於中國歸國而猶相呼以此因而成俗今以爲東都俚語而謂之男子通稱其誤甚矣

以魏英爲州長
魏英乃新羅宗姓金魏英高麗金富軾之曾祖麗史富佾傳備記之今誌載富軾兄弟而不能指爲魏英之曾孫亦不能的魏英之爲羅宗金姓不可不表而書之

迎烏細烏乘巖往日本爲王爲貴妃云云仍號祭天之地爲迎日縣
姜睡隱鬪見錄言在倭中見倭人尊事大郎房神過於佛菩薩而其神乃新羅人日羅云

則羅人之漂至倭國爲其所尊事者必有其人而俚俗附會於迎日之名爲此恠說倭號日本在文武王十年阿達羅王時元無日本之號則其爲後人之附會亦可證也況迎日本新羅斤吾支縣景德王改臨汀縣高麗時始號迎日縣則其誣不待卞而可知也且新羅自始至亡元不祭天

鵲院在府西三十里金庾信伐百濟陣于此百濟王女化爲鵲飛入庾信軍中庾信以劒指之化爲人墮地爲立鵲院

按遺史金庾信與蘇定方會百濟江口會有異鳥飛過卜云不利大將定方疑之庾信曰奉將天威伐至不仁何不祥之有以神劒指鳥鳥墮地而死云此說近是蓋俚俗因鵲院之名又略聞此事而附會之可發一笑

遠願寺不知其所創

遺事金庾信金述宗與定惠寺四僧於京城東南四十里創遠願寺

茸長寺詩僧雪岑嘗構此居焉

按茸長寺乃新羅僧伽瑜所創梅月堂蓋因舊基也

宴坐石高可五六尺圍僅三肘俗傳迦葉宴坐石

按高麗初此石已剝落寺僧貼鐵爲護未久已夷沒與地平云則今豈有宴坐石可指者也

高麗金富儀乃州長魏英之曾孫家居東都使奴治圃得銅印文曰靑幢之印後考新羅

故事青幢乃左軍也富儀後爲左軍帥

望德寺文武王爲唐祝釐而建史引唐令狐澄新羅記言寺爲唐而建故天寶中寺兩塔相鬬爲祿山叛亂之兆其後望德寺塔動且鬬屢書不一書遺事亦言武后長壽元年壬辰孝昭王卽位始創望德寺將以奉福唐室其爲唐建寺之實與令狐澄記相符今天王寺址傍有寺址其坪曰望德坪新羅諸寺中此寺最有意義名聞天下蹟登史冊誌反闕之何也鍪藏寺本元聖王之父阿干孝讓爲其叔父所創諺傳新羅統合之後藏兵鍪處故谷號鍪藏云而今誌以爲麗祖統合後藏兵處誤

白玉笛碎於火今有十數片壬申金承鶴堀地得碧玉笛私藏而中折李尹麟徵粘以蠟粧以銀三節九孔

餘皆水葬火葬

新羅五十六王史書葬地者三十今知其墓者十一火葬者孝成宣德元聖三王而已文武王史亦言葬東海大石上然其遺詔曰屬纊之後十日便於庫門外庭依西國之式以火燒葬云則文武亦火葬也或旣燒之後藏骨於東海大石而龍適見其地故愚俗訛傳其化龍耶燒而後葬羅麗皆有之高麗叅政鄭沆亦旣燒後葬蓋惑佛也新羅之火葬本葬出於崇佛而法興王始有佛法其前十九王而史書其葬處只七王其十二王亦皆火葬耶誌之不深考而妄言多此類也聞義城縣亦有新羅王陵僖康王葬蘇山蘇山今屬淸道郡眞聖王葬黃山黃山今屬梁山郡掛陵今在府東不知何王陵史書葬所者特三分之一今以史所書者外皆水葬火葬不亦誣乎今知其墓者始祖陵在廟後味鄒陵在

府南皇南里太宗陵在西岳里南碑則已亡而螭頭龜趺尙在螭若蜿蜒龜若蠕動刻螭頭面以小篆曰太宗武烈大王之墓石工之巧今所未有眞興王陵亦在西岳善德女王陵在狼山南支其下有天王寺基基東有神文王陵聖德王陵在都只谷憲德王陵在閼川北岸水嚙其趾將壞墓興德王陵在安康縣北眞平王陵在漢只眞聖王陵在黃山驛皆知其墓獨僖康王陵在蘇山未知果知其墓否也餘史所書十九陵皆不知何處也遺事曰元聖王陵在吐含山西洞鵠寺高麗時所稱崇福寺傍崔致遠撰碑但元聖燒柩或旣燒後葬歟疑今所謂掛陵也鮑石亭南山之谷中有稱三陵洞者中有三王陵至今宛然而不知何王陵也府西臥瓦村後有稱王陵洞有大墳穿穴樵童入其穴則刻石爲人置四隅中有黑白碁子一二斗白骨二片在石上云未知果是王陵而其傍有大塚石築頗固西岳後又有二陵宛然云神文王二年始置太學而文武王時已令國子博士薛因宣撰金庾信墓碑何也疑自前置國子監以掌文學而立廟設學自神文王始如宋嘉祐中始立太學者耶其敎授之法以周易尙書毛詩禮記春秋左氏傳文選分而爲之業博士若助敎一人或以禮記周易論語孝經或以春秋左傳毛詩論語孝經或以尙書論語孝經文選敎授之諸生讀書以三品出身讀春秋左氏傳若禮記若文選而能通其義兼明論語孝經者爲上讀曲禮論語孝經者爲中讀曲禮孝經者爲下若能兼通五經三史諸子百家書者超擢用之或差算學博士若助敎一人以綴經三開九章六章敎授之凡學生位自大舍已下至無位年自十五至三十皆充之限九年若朴魯不化者罷之若才

器可成而未熟者雖踰九年許在學位至大柰麻柰麻而後出學子玉不以文字出身則毛肖駁其楊根小守其制亦密矣

文學强首先生任那崔學士致遠最顯朴仁範元傑巨仁金雲卿金垂訓皆有詩文若干巨仁遺事稱王居仁疑得之也若古記所傳帝文守眞良圖風訓骨番又不知何狀人也致遠之從弟棲遠亦能文云居仁所譏魏弘非眞聖之所通乃眞聖乳母鳧好夫人之夫而史以爲眞聖之所嬖或乳母之夫而眞聖亦通之耶

眞德王世大臣金閼川金述宗金武林金林宗金廉長金庾信會于南山亏知巖議國事時有大虎走入座間諸公驚起而閼川公略不移動談笑自若捉虎尾撲於地而殺之羅有四靈地將議大事則大臣必會其地謀之東青松山南亏知山西皮田北金剛山始行正旦禮始行侍郎號

景德王聞代宗好佛獻五彩氍毹製度巧麗亦冠絕一時每方寸之內卽有歌舞伎樂列國山川之象忽微風入室其上復有蜂蝶動搖鸞雀飛舞俯而視之莫辨眞假又獻萬佛山可高一丈因置山於佛室以氍毹藉其地焉萬佛山則彫沉檀珠玉以成之其佛之形大者或逾寸小者七八分其佛之首有如黍米者有如半菽者其眉目口耳螺髻毫相無不悉具而更鏤金玉水精爲幡蓋流蘇菴羅薝蔔等樹搆百琁爲樓閣臺殿其狀雖微而勢若飛動又前有行道僧徒不啻千數下有紫金鐘徑闊三寸上以龜口銜之每擊其鐘則行道之僧禮首至地其中隱隱謂之梵音蓋關戾在乎鐘也因置九光扇于巖巘間謂

之佛光四月八日召兩衆僧徒入內道場禮萬佛山上令三藏僧不空念天竺密語千口而退（唐蘇鶚杜陽編三國遺事所載文字略同但杜陽編以歌舞伎樂爲氍毹之畫遺事以爲萬佛山之所彫今從杜陽編）

孝昭王世竹曼郎之徒有得烏谷（一云）隷名於風流黃卷追日仕進隔旬日不見郎喚其母問爾子何在母曰幢典牟梁益宣阿干以我子差富山城倉直馳去行急未暇告辭於郎郎曰汝子若私事適彼則不須尋訪今以公事進去須歸享矣乃以舌餅一合酒一缸卒左人（鄕云皆叱知言奴僕也）而行郎徒百三十七人亦具儀侍從到富山城問閽人得烏失奚在人曰今在益宣田隨例赴役郎歸田以所將酒餅饗之請暇於益宣欲偕還宣固禁不許時有使吏侃寶管收推火郡能節租三十石輸送城中美郎之重士風味鄙宣暗塞乃以所領三十石贈宣助請猶不許又以珍節舍知騎馬鞍具貽之乃許花主聞之遣使取宣將洗浴其垢醜宣逃掠其長子而去時仲冬極寒浴洗於城內池中仍合凍死大王聞之勅牟梁里人從官者並合黜遣更不接公署不著黑衣若爲僧者不合入鍾鼓寺中勅史上侃珍子孫爲枰定戶孫以標異之（新羅風俗貴戰死喜義氣上之崇奬亦如此此可見當時風俗枰定戶唐法以一戶統一里之事者也）

新羅宗廟之制南解王三年春立始祖赫居世廟四時祭之以親妹阿老主祭智證王於始祖誕降之地奈乙創立神宮以享之至惠恭王始定五廟以味鄒王爲金姓始祖以太宗大王文武大王平百濟高句麗有大功德並爲世世不毁之宗兼親廟二爲五廟至宣德王立社稷壇

一年六祭五廟謂正月二日五日五月五日七月上旬八月一日十五日十二月寅日新

城北門祭八蜡豐年用大牢凶年用小牢立春後亥日明活城南熊殺谷祭先農立夏後亥日新城北門祭中農立秋後亥日蒜園祭後農立春後丑日犬首谷門祭風伯立夏後申日卓渚祭雨師立秋後辰日本彼遊村祭靈星三山五岳已下名山大川分爲大中小祀

新羅官制大略上大等爲相首侍中爲亞相大太角干以賞金庾信之功別置之非常位也理方府刑部也調府戶部也例作府工部也兵部禮部無他名司正府法司也乘府太僕也執事省出納之府也各有令卿丞佐舍知又位和府吏部也掌選舉之事貞察糾百官如御史也資級自大角干阿飡至沮知十七等後太角干之上設大太角干沮知之下設南邊第一凡十九等軍制則侍衛府掌王之親兵將軍六人內外將軍官共三十六人大監幢主共四百八十六人凡軍號二十三一曰六停二曰九誓三曰十幢四曰五州誓五曰三武幢六曰罽衿幢七曰急幢八曰四千幢九曰京五種幢十曰二節末幢十一曰萬步幢十二曰大匠尺幢十三曰軍師幢十四曰仲幢十五曰百官幢十六曰四設幢十七曰皆知戟幢十八曰三十九餘甲幢十九曰仇七幢二十曰二罽二十一曰二弓二十二曰三邊守二十三曰新三千幢

外官州有都督仕臣凡九州若今之八道郡有太守大舍司正縣有令

文武王九年奈麻德福入唐學曆法以歸始用新曆此作曆之始也元聖王四年始定讀書出身科此科舉之始也

新羅賦民之制頗倣唐制田有租丁有調計田以結給民口分世業田及柴田如出成貞王后賜田二百結向德給口分田若干賜文武官僚田有差是也高麗田柴科疑仍羅制也民輸布舊以十尋爲一匹文武王四年改以長七步廣二尺爲一匹神文王九年罷內外官祿邑逐年賜租有差以爲恒式則田以租收調以布輸而諺以禾爲羅祿蓋出此也」高麗太祖卽位之三十四日謂羣臣曰泰封主一頃之田收租六石管驛之戶賦絲三束租稅征賦悉從舊法以田一負出租三升則羅制必以田一負出租三升矣田出租穀戶出絲布而軍資布之出於田則又效唐制也

賑民之制可考者文武王八年百姓取他穀者只還其母不還其子聖德王六年唐中宗景龍二年丁未自正月初一日至七月三十日口給租三升用租三十萬五百石元聖王元年九月出粟三萬三千二百四十石以賑王都民十月又出三萬三千石以賑之物力富厚此可見矣

眞德王三年唐貞觀二十三年己酉始服中國衣裳其前夷服不可考也文武王四年唐麟德元年甲子令婦人亦服中朝衣裳王冕旒袞龍如中國之制自太大角干至太阿飡衣紫阿飡至級飡衣緋並牙笏大柰麻柰麻衣青自大舍至先沮知衣黃衣有表衣半臂內衣自宰相至庶民皆着幞頭但庶人用鐵銅爲帶麻爲履幞頭用布眞骨大等帶用玉金次等用烏犀靴用皮但幞頭錦絹隨意耳自眞骨宰相至五頭品皆乘車轎設褥垂幰屋舍眞骨宰相長廣不得過二十四尺六頭品二十一尺五頭品不過十八尺四頭品至

庶人不過十五尺耳（眞德王以上王及宗姓稱聖骨　太宗王以下王及宗姓稱眞骨）

敬順王至麗景宗元年宋太祖開寶八年丙子加封尙父其制曰勅姬周啓聖之初先封呂望劉漢興王之始首開蕭何自此大定寰區廣開基業立龍圖三十代躡麟趾四百年日月重明乾坤交泰雖自無爲之主乃關致理之臣觀光順化衛國功臣上柱國樂浪王政丞食邑八千戶金傅世處鷄林官分王爵英烈振凌雲之氣文章騰擲地之才富有春秋貴在茅土六韜三略拘入胷襟七縱五伸撮歸指掌我太祖始修睦隣之好早認餘風尋頒駙馬之姻內酬大節家國既歸於一統君臣宛合於三韓顯播令名光崇懿範可加號尙父都令仍賜推忠順義崇德守節功臣號勳封如故食邑通前爲一萬戶有司擇日備禮冊命主者施行開寶八年十月日大內議令兼摠翰林臣翮奉宣行奉勅如右牒到奉行開寶八年十月日侍中署

新羅既亡阿干神會自外署歸見城闕頹毀有黍離離悲嘆作歌聞者悲之○敬順王長子既入皆骨山而季子不肯隨王落髮爲僧名梵空住海印寺○敬順王以太平興國三年戊寅卒

夫劉均之有太原特乘時竊取之者非有積累之業功德於民者而宋祖猶憐其不忍劉氏不血食之一語終其身不加兵新羅之有國一千年矣統三亦三百年矣東方之民孰非其休養之赤子觀麗祖與萱相往復之書未嘗不以羅爲君今雖微弱不能自振苟以不忍宗社不血食之意至誠以告則以麗祖之寬仁必不加兵可以延數十年之血食設

不幸而兵至背城一戰以死社稷正也力屈被執猶足以有辭於宗社臣民而聞賊萱之亡奔見高麗有統一之勢怯其後至之誅舉一千年之宗社以賭一身之後福以得罪於宗社下以愧於二子臣民今載其尙父之制與神會之嘆者所以痛恨於敬順也

軍額別隊四百九十束伍一千五百七十

我朝軍制上有五衛其次有甲士正兵水陸軍戶保之制今則五衛雖壞猶有忠翊贊上番之制水陸軍戶保之納布御營禁衛軍之上番皆軍額也壬辰亂後西厓相公建白爲孫子束伍之制勿論公私賤充定以備緩急今誌不論國制良軍之爲軍額而只以束伍爲軍額使後人何以考信乎羅史之疎率無可考者蓋亦類此也今本府軍額水陸軍御營禁衛軍騎步兵射砲手忠順忠贊忠翊忠壯烽燧軍及諸色目束伍軍合一萬二千三百七十三名及各書院祠廟鄕校鄕廳所有良丁假屬巡營架山中軍所屬及兵營軍官雜屬營將軍官雜屬又不知其幾何而振袖而稱中人戴巾而稱校生閑遊無役者迨居一邑之半而元戶入籍者不滿一萬六千雖曰漏籍者多是役皆叢於殘氓虛名逃亡疊役物故未立案殆十之五六小民何以爲生至若田賦之不均戶役之偏苦海氓之困於魚峽民之困於藥愚民之困於科外侵漁皆當備書之以告能變通者而然非所以誌東京也

神光之北有飛鶴山逶迤西北西爲琵峙南轉爲墨匠東轉爲吐含山吐含西落爲明活山明活落平地爲狠山吐含之支因遂北走爲金剛嶺尤北爲北兄山與飛鶴山支南走

者相會爲兒山江水南北岸翻轉周遭殆三百里其內向之水皆會于府西之川以注兄山江而但杷溪安康之水直赴兄江神光之水流興海竹長之水走永川吐含山東支爲東海邊迎日長鬐等所而其水皆直入海此皆所以爲東都地理之形勢而本府幅員亦止此而已今以金城內羅人所謂龍宮之址言之則吐含東秀而如倒仙桃西蹲而如眉金剛在北而乃波濤之勢金鰲在南而起衆峰之尖舊址隆然若圓盤天造之妙如此但宮沼蕪沒茂草覆之浮塵蔽之下猶有水魚蝦撥刺亦有引水石梘埋在地中所造十二峰之巫山土石崩落尙有形撲犬豕遊其中其北數百千步有基築之尙未沒於田畝者其上多有削石之不可知者或有如盤鑿其中或側而棱孔其上或中有一大孔傍有四小孔或穿石如環之曲或平其四邊而隆然其中者皆不知何所用也人事推遷感慨係之矣且鳳凰臺近處造山殆三十餘不知其何時所作也高麗崔忠獻用術人言以國內山川多背走設裨補都監十二年處處在在皆造山築墩以壓勝之以東都舊國數叛尤致意焉疑卽此時所造也或羅時所作以裨補地理皆不可知也

東京乃新羅氏一千年之都偉蹟遺址必多有可傳者今此雜記本因輿地勝覽而其纂修而新增則閔公周冕爲使時使邑儒鳩輯之者其舊所傳羅代之說旣謬悠而荒唐今所增鄉里之事皆瑣屑而冗猥千年大國之規模制度不小槩見而故國之悲感慷慨亦何處可尋甚矣文獻之不足徵也且其所書者揆之往牒事實多有逕庭就其尤謬誤處略爲卞別以本文爲主而施註於其下黄省曾以葛洪西京雜記不載漢之儀法典章爲

非則志故都者不可不記其國之制度儀法且新羅儀章載史者亦甚踈漏故略附羅氏制度事實之散見史與雜說者使後之覽者略有所考信焉顏之以刋誤以附其末崇禎戊辰後八十五年壬辰七夕府尹安東權以鎭識

善德王夫葛文王金仁平眞德王夫葛文王金基安

武烈王妣乃善德弟天明夫人邑有世譜所記如此諸史皆不傳兹書卷外以放傳疑之法

東京雜記刊誤

終

東京雜記卷之一

〔新文版〕

辰韓紀

慶尙道本辰韓之地後爲新羅所有出輿地勝覽辰韓在馬韓之東自言秦之亾人避役入韓韓割東界以與之立城柵其言語有類秦人或謂之秦韓常用馬韓人作主所統凡十有二國地宜五穀俗饒蠶桑善作縑布乘駕牛馬嫁娶以禮行者讓路出東國通鑑

新羅紀

新羅始祖元年夏四月丙辰始祖朴赫居世立先是朝鮮遺民分居東海濱山谷間爲六村曰閼川楊山曰突山高墟曰觜山珍支曰茂山大樹曰金山加利曰明活山高耶是爲辰韓六部六部長共立赫居世爲君出東國通鑑〔詳見古蹟〕

〔始祖〕姓朴名赫居世漢宣帝五鳳元年甲子卽位號居西干居西干辰人稱王之語或云呼貴人之稱國號徐羅伐羅一作那一作耶又云徐伐俗訓京字云徐伐以此又云斯羅又云斯盧在位六十一年

〔南解次次雄〕或云慈充金大問云次次雄方言謂巫也世人以巫事鬼神故畏敬之遂稱

尊者爲慈充赫居世太子身長大性沉厚多智略元年甲子漢平帝元始四年

〔儒理尼師今〕名儒理南解太子南解將薨謂儒理及昔脫解曰吾死後爾朴昔二姓以年長嗣位焉及薨儒理以脫解素有德望推讓其位脫解曰神器大寶非庸人所堪吾聞聖智人多齒試以餅噬之儒理齒理多乃立之號尼師今又云尼叱今尼叱今之稱自此始元年甲申漢更始二年五年戊子鄰國之民聞王行仁政來歸者衆是年民俗歡樂始製兜率歌此歌樂之始也

〔脫解尼師今〕姓昔名脫解儒理將薨曰先王顧命曰吾死後毋論子壻以年長且賢者繼位是以寡人先立今也宜其傳位焉脫解從遺命嗣位元年丁巳漢明帝中元二年

〔婆娑尼師今〕姓朴名婆娑儒理第二子元年庚辰章帝建初五年

〔祇摩尼師今〕名祇摩婆娑太子元年壬子安帝永初六年

〔逸聖尼師今〕名逸聖儒理長子祇摩無子故立元年甲戌順帝陽嘉三年

〔阿達羅尼師今〕名阿達羅逸聖長子元年甲午桓帝永興二年三年丙申開雞立嶺路卽今鳥嶺五年戊戌開竹嶺路

〔伐休尼師今〕姓昔名伐休一作發揮脫解子角干仇鄒子阿達羅薨無子國人立之王占風雲預知水旱及年之豐儉又知人邪正人謂之聖元年甲子靈帝中平元年

〔奈解尼師今〕名奈解伐休第二子伊買子容儀雄偉有俊才元年丙子獻帝建安元年

〔助賁尼師今〕名助賁伐休長子骨正之子元年庚戌蜀漢後主建興八年

〔沾解尼師今〕名沾解助賁母弟元年丁卯後主延熙十年
〔味鄒尼師今〕姓金名味鄒閼智七代孫助賁以其女妻之至是薨無嗣國人立之此金氏有國之始也元年壬午後主景耀四年
〔儒禮尼師今〕姓昔名儒禮助賁長子元年甲辰晉武帝太康五年
〔基臨尼師今〕名基臨助賁孫元年戊午惠帝元康八年十年丁卯國號新羅
〔訖解尼師今〕名訖解柰解子角干于老子也基臨薨無子羣臣議曰訖解幼有老成之德乃立之元年庚午懷帝永嘉四年
〔柰勿尼師今〕一云柰密姓金名柰勿仇道葛文王之孫訖解薨無子立之元年丙辰穆帝永和十二年
〔實聖尼師今〕名實聖閼智裔孫柰勿薨子幼國人立之元年壬寅安帝元興元年
〔訥祇麻立干〕金大問云麻立方言謂橛也橛謂諴操準位而置則王橛爲主臣橛列於下因以名之名訥祇弑實聖而自立元年丁巳安帝義熙十三年二十二年戊寅敎民牛車之法
〔慈悲麻立干〕名慈悲訥祇長子元年戊戌宋武帝大明二年
〔炤智麻立干〕名炤智慈悲長子幼有孝行謙恭自守元年己未順帝昇明三年十二年庚午初開市肆以通四方之貨
〔智證麻立干〕名智大路柰勿王曾孫王體鴻大膽力過人前王薨無子故繼位元年庚辰

齊廢帝永元二年三年壬午禁殉葬前此王薨殉以男女各五人至是禁焉分命州郡主勸農始用牛耕四年癸未羣臣上言始祖創業以來國號未定或稱斯羅或稱斯盧或稱新羅新者德業日新羅者網羅四方之義則其爲國號宜矣又觀自古有國家者皆稱帝稱王自我立國至今二十二世但稱方言未定尊號今羣臣定議謹上號新羅國王王從之五年甲申制喪服法十五年甲午王薨謚曰智證謚法始此

〔法興王〕名原宗智證長子身長七尺寬厚愛人元年甲午梁高祖天監十三年七年庚子頒示律令始制百官公服二十三年丙辰始稱年號建元元年二十五年戊午許外官挈家之任

〔眞興王〕名彡 音失 麥宗法興弟立宗之子元年庚申梁高祖大同六年

〔眞智王〕名金輪眞興次子元年丙申陳宣帝大建八年

〔眞平王〕名日淨眞興太子銅輪之子元年己亥宣帝大建十一年

〔善德王〕名德曼眞平長女寬仁明敏前王薨無子國人立之元年壬辰唐太宗貞觀六年九年庚子遣子弟於唐請入國學

〔眞德王〕名勝曼眞平母弟國飯之女姿質豐麗長七尺垂手過膝元年丁未貞觀二十一年二年戊申差冬使邯帙許朝唐太宗勅問新羅臣事大朝何以別稱年號帙許言天朝未頒正朔故先祖法興王以來私有紀年若大朝有命小國又何敢焉太宗然之三年己酉始依華制爲冠服四年庚戌遣使大唐告破百濟之衆王自製太平頌織錦爲文以獻唐其詞

曰大唐開鴻業巍巍皇猷昌止戈戎衣定修文契百王 通鑑契作繼 統天崇雨施理物體含章深仁諧日月撫運邁虞唐 通鑑日月作日用虞唐作時康 幡旗何赫赫鉦皷何鍠鍠外夷違命者顚覆被天殃淳風凝幽顯遐邇競呈祥四時和玉燭七曜巡萬方維嶽降宰輔維帝任忠良五三成一德昭我唐家皇高宗嘉焉是歲始行中國年號

〔太宗武烈王〕姓金名春秋眞智王子伊飡龍春之子儀表英偉幼有濟世志元年甲寅高宗永徽五年七年庚申與唐將蘇定方等共伐百濟百濟亡

〔文武王〕名法敏太宗太子姿表英特聰明多智略武烈與蘇定方平百濟法敏從之有大功至是卽位元年辛酉高宗龍朔元年四年甲子令婦人亦服中朝衣裳八年戊辰與唐兵共伐高句麗高句麗亡十四年甲戌大柰麻德福入唐宿衛傳學曆術而還請改用新曆法十五年乙亥鑄百司州郡印頒之

〔神文王〕名政明文武王長子辛巳高宗開耀元年六年丙戌遣使入唐請禮典幷詞章則天令所司寫吉凶要禮幷采文詞涉於規誡者勒成五十卷賜之

〔孝昭王〕名理洪神文太子元年壬辰武后嗣聖九年

〔聖德王〕名興光孝昭弟也孝昭薨無子國人立之元年壬寅嗣聖十九年十七年壬子始造漏刻

〔孝成王〕名承慶聖德第二子元年丁丑玄宗開元二十五年六年壬午王薨以遺命燒柩於法流寺南散骨東海

〔景德王〕名憲英孝成之弟孝成無子立爲太子至是嗣位元年壬午天寶元年
〔惠恭王〕名乾運景德嫡子元年乙巳代宗永泰元年十六年庚申伊湌金志貞聚衆圍王宮上大等金良相與伊湌敬信舉兵誅志貞等王與后妃爲亂兵所害良相自立爲王謚王曰惠恭
〔宣德王〕名良相奈勿十世孫元年庚申德宗建中元年六年乙丑王薨遺命依佛制燒火散骨東海無子國人立上大等敬信
〔元聖王〕名敬信奈勿十二世孫元年乙丑德宗貞元元年四年戊辰始定讀書出身法十四年戊寅王薨以遺命燒柩於奉德寺南
〔昭聖王〕名俊邕元聖之孫元年己卯德宗貞元十五年
〔哀莊王〕名清明更名重熙昭聖太子元年庚辰德宗貞元十六年三年壬午創伽耶山海印寺
〔憲德王〕名彥昇昭聖同母弟弑王自立元年己丑憲宗元和四年
〔興德王〕、名秀宗改名景徽憲宗母弟元年丙午敬宗寶曆二年
〔僖康王〕名悌隆元聖王孫伊湌憲貞之子元年丙辰文宗開成元年三年戊午金明利弘等作亂王自縊金明自立
〔閔哀王〕名明元聖曾孫元年戊午文宗開成三年金陽奉祐徵入擊王聞兵至奔入月遊宅因被害羣臣以禮葬之祐徵立

〔神武王〕名祐徵元聖孫上大等均貞子元年己未文宗開成四年
〔文聖王〕名慶膺神武子元年己未文宗開成四年十九年丁丑九月王不豫遺詔傳位於叔父誼靖
〔憲安王〕名誼靖神武王異母弟元年丁丑宣宗大中十一年五年辛巳王寢疾謂左右曰甥膺廉幼有老成之德宜立之
〔景文王〕名膺廉僖康王子阿飡啓明之子憲安王之壻元年辛巳懿宗咸通二年
〔憲康王〕名晸景文王子王性聰敏喜看書一覽皆誦元年乙未僖宗乾符二年三年丁酉高麗太祖王建生於松岳郡
〔定康王〕名晃憲康之弟元年丙午僖宗光啓二年
〔眞聖王〕名曼定康妹也元年丁未僖宗光啓三年王素與角干魏弘通至是常入內用事及弘死潛引年少美丈夫淫之有人譏謗時政榜於朝路或告曰殆是大耶州隱者巨仁所爲王命拘巨仁獄將刑之巨仁書於獄壁曰于公慟哭三年旱鄒衍含悲五月霜今我幽愁還似古皇天無語但蒼蒼其夕忽震雷雨雹王懼而釋之五年辛亥北原賊帥梁吉遣其佐弓裔率兵襲　餘郡劫掠州縣衆至五千
〔孝恭王〕名嶢憲康庶子眞聖養之立爲太子至是卽位元年丁巳昭宗乾寧四年
〔神德王〕姓朴名景暉阿達羅遠孫大阿飡乂兼之子孝恭薨無子國人立之元年壬申後梁太祖乾化二年

〔景明王〕名昇英神德太子元年丁丑末帝貞明三年二年戊寅弓裔麾下推戴王建弓裔出奔爲下所殺建卽位稱元

〔景哀王〕名魏膺景明母弟元年甲申後唐莊宗同光二年爲甄萱所殺事見古蹟

〔敬順王〕姓金名傅文聖之後伊飡孝宗之子爲甄萱所立元年丁亥後唐明宗天成二年擧前王屍殯於西堂與羣下慟哭上謚五年辛卯王遣使高麗請相見麗王以五十騎至京王與百官郊迎宴於臨海殿酒酣王曰小國不天甄萱掾喪因泣然泣下左右莫不嗚咽麗王亦流涕慰藉之因留數旬而還王送至穴城麗王之初至肅隊而行不犯秋毫都人士女相慶曰昔甄氏之來也如逢豺虎今王公之至也如見父母九年乙未王以國弱勢孤不能自安乃與羣下謀降高麗王子曰當與忠臣義士收集民心力盡而後已豈宜以一千年社稷一朝輕以與人王曰孤危若此勢不能全至使無辜之民肝腦塗地吾不忍也乃使侍郞金封休賫書請降王子慟哭辭王入皆骨山倚巖爲屋麻衣草食以終其身十一月麗王受書出郊迎勞館于柳花宮妻以長女樂浪公主拜爲政丞封樂浪王國除爲慶州新羅亡新羅朴氏十王昔氏八王金氏三十八王合五十六世九百九十二年以上出東國通鑑彙考三國史

慶州地界

東至蔚山府界六十二里至長鬐縣界八十三里南至彥陽縣界六十二里西至淸道郡界

七十六里至永川郡界五十三里北至迎日縣界三十六里至靑松府界盈德縣界一百五十里距京都七百八十三里出輿地勝覽

建置沿革

本新羅古都漢五鳳元年始祖赫居世開國建都國號徐耶伐或稱斯羅或稱斯盧後稱新羅脫解王九年始林有雞怪更名雞林因以爲國號基臨王十年復號新羅高麗太祖十八年敬順王金傅來降國除爲慶州二十三年陞爲大都督府成宗六年改爲東京留守十四年稱留守使屬嶺東道顯宗三年降爲慶州防禦使五年改安東大都護府二十一年復爲東京留守時銳方所上三韓會土記有高麗三京之文故復置之神宗五年東京夜別抄作亂攻刼州郡遣師討平之七年以東京人造新羅復盛之言傳檄尙淸忠原州道謀亂降知慶州事奪管內州府郡縣鄕部曲分隷安東尙州高宗六年復爲留守忠烈王三十四年改稱雞林府辛禑別號樂浪本朝太宗朝復慶州舊號世宗朝置鎭出輿地勝覽彙考麗史地理志

官號沿革以本府流來先生案考出列序如左而與麗史不同未詳孰是

麗太祖二十三年庚子除羅號爲慶州司置安東大都護都督府成宗十三年甲午改安東

大都護爲東京留守官穆宗五年壬寅改爲安東金州大都護府顯宗三年壬子改東京留守爲慶州防禦使顯宗五年甲寅改慶州防禦使爲安東大都護府顯宗九年戊午改安東都護府爲慶州大都護府顯宗十八年丁卯爲牧顯宗二十一年庚午改爲東京留守官此下改爲東京知官後改知官爲尙書又置大判司錄法曹記室等官而未詳在於何年知官事疑因夜別抄之亂而降爲知州也忠烈王十一年乙酉改大判爲侍郞四年己丑復號大判忠烈王二十一年乙未改大判爲判官丁酉復號侍郞忠烈王三十四年戊申改尙書爲府尹侍郞爲判官辛禑四年戊午以府尹兼元帥高麗末以府尹兼兵馬節制使判官兼勸農防禦使我

太祖朝廢勸農防禦使

孝宗元年庚寅以醴泉逆奴逃接杞溪村弑主故降尹爲牧令

上朝己亥復陞爲尹乙巳以賊子弑父故降爲府使　歷世府官姓名詳見先生案

屬縣

〔安康縣〕在府北四十五里本新羅比火縣景德王改今名爲義昌郡領縣　義昌今興海高麗顯宗時來屬恭讓王置監務我

太祖朝復屬之〔新增〕有土城城中有山形如伏龜故號龜城○〔杞溪縣〕在府北七十里本新羅芼兮縣一云化雞景德王改今名爲義昌郡領縣高麗顯宗時來屬〔新增〕縣南五

里許有邑基縣西地名北館村有鄉校基址○慈仁縣在府西一百十里本新羅奴斯火縣一云其火景德王改今名屬獐山郡今慶山 高麗顯宗時來屬〔新增〕崇禎丁丑仁祖朝縣人李昌後金應鳴等疏請分設○〔神光縣〕在府北八十里本新羅東仍音縣一云神乙景德王改今名爲義昌郡領縣後稱昵於鎭高麗太祖十三年親幸城之改名神光鎭顯宗時來屬〔新增〕有土城周二百三十步○〔仇史部曲〕在府西百里本新羅麻珍良縣珍一作彌 景德王改餘粮縣屬獐山郡後降爲部曲改今名〔新增〕我孝宗朝癸巳移屬慈仁縣○〔竹長部曲〕在府北一百十里青松府界本新羅長鎭縣高麗時降爲部曲○〔北安谷部曲〕在府西百里越入永川東南村

鎭管

郡四蔚山梁山永川興海〔新增〕今則蔚山陞爲府　縣六淸河迎日長鬐機張東萊彥陽〔新增〕今則東萊別設獨鎭機張置戰船革罷東伍故皆不在於鎭屬中

屬任

〔留鄉所〕座首一人別監三人○大同有司二人○官廳監官二人○常平倉監官一人○軍器監官二人○鄉約都約正副約正直月各一人各面亦皆有約正直月一人○鄉校都有司一人掌議一人行有司二人典穀一人○西岳書院院長一人有司一人典穀一人○玉山書院院長一人有司一人典穀二人○紙所監官一人

新羅始祖廟守護官一人〇敬順王影堂有司一人〇醫局都監一人都約正例兼有司一人監劑三人〇武學堂敎授一人有司一人〇養武堂中軍一人營將例兼千摠一人把摠二人旗鼓官一人知彀官十五人旗牌官十六人哨官十六人

人吏奴婢 附

鄕吏十六人假吏一百六十六人官奴婢並八十八口

邑名

辰韓　徐耶伐　新盧　斯羅　樂浪　雞林　月城　東京　金鰲　蚊川

姓氏

〔本府〕朴昔金並新羅宗姓李及梁崔沙梁鄭本彼孫牟梁裴漢祇薛習比〇已上六部姓詳見古蹟康洞州偰回鶻詳人物下楊續〔安康〕安盧金黃廉　邵邊幷唐尹松生〔杞溪〕兪楊岙一作孟尹　金金海〔慈仁〕朴韓鄭周　任珍島邊加恩〔神光〕徐陳尹申〔仉史〕鄭石曹　全章山〔竹長〕葛續李金宋幷來〔省法伊〕金崔幷續〔北安谷〕李宋葛

風俗

〔君子之國〕三國史云唐太宗聞金春秋之言嘆曰誠君子之國也〇〔服色尙素〕隋書服

色尙素婦人辮髮繞頭以雜綵及珠爲飾〇〔婚家唯酒食〕同上婚嫁之禮唯酒食而已輕重隨貧富〇〔元日相慶〕唐書元日相慶是日拜日月神〇〔見人必跪〕同上見人必跪則以手据地爲恭〇〔糯飯祭烏〕新羅炤智王旣免琴匣之禍國人以爲若非烏鼠龍馬豬之功則王之身戚矣遂以正月上子上辰上午上亥等日忌愼百事不敢動作以爲愼日俚言怛忉言悲愁而禁忌也又以十六日爲烏忌之日以糯飯祭之國俗至今猶然詳見書出池註〇〔乙夜績麻〕儒理王時中分六部爲二使王女二人各率部內女子分朋自秋七月旣望每日早集大部之庭績麻乙夜而罷至八月望考其功之多少負者置酒食以謝勝者於是歌舞百戲皆作謂之嘉俳是時負家一女起舞嘆曰會蘇會蘇其音哀雅後人因其聲而作歌名會蘇曲國俗至今行之

〔風月主〕〔花郎〕法興王元年選童男容儀端正者號風月主求善士爲徒衆以勵孝悌忠信〇初新羅君臣患無以知人欲使類聚羣遊以觀行義然後舉而用之遂簡美女二人奉爲源花曰南毛曰俊貞聚徒三百餘人二女爭娟相妬俊貞置酒私第强勸南毛酒至醉投河殺之其徒得其屍以告俊貞伏誅遂廢源花其後更聚美貌男子粧飾之名花郎徒衆雲集或相磨以道義或相悅以歌樂遊遨山水無遠不至因此知人邪正擇而用之〇〔舞劍之戲〕黃倡郎新羅人也諺傳年七歲入百濟市中舞劍觀者如堵濟王聞之召觀命升堂舞劍倡郎因刺王國人殺之羅人哀之像其容爲假面作舞劍之狀至今傳之〇新羅又有鄕樂金丸月顚大面束毒狻猊五技崔文昌致遠金丸詩回身掉臂弄金丸月轉星浮滿眼

看縱有宜僚那勝此定知鯨海息波瀾○月顚詩肩高項縮髮崔嵬擭臂羣儒鬪酒盃聽得歌聲人盡笑夜頭旗幟曉頭催○大面詩黃金面色是其人手抱珠鞭役鬼神疾步徐趨呈雅舞宛如丹鳳舞堯春○東毒詩蓬頭藍面異人間押隊來庭學舞鸞打皷鼕鼕風瑟瑟南奔北躍也無端○狻猊詩遠涉流沙萬里來毛衣破盡着塵埃搖頭掉尾馴仁德雄氣寧同百獸才○〔浴東流水〕金克己集東都遺俗以六月望浴東流水因爲禊飮謂之流頭宴蓋以河朔避暑之飮誤爲禊飮耳

〔列肆交易〕○〔任載用車〕○〔民俗質朴〕觀風案云云有羅代之遺風○〔土厚風淳〕李詹記云云民知禮讓○〔繁華佳麗甲於南方〕鄭麟趾記 以上出輿地勝覽〔新增〕〔女子北髻〕羅時以國都北方虛缺女子結髻於腦後因名北髻至今猶然狗之短尾者世謂之東京狗亦以北方之虛故也○先輩男子通稱之號

山川

狼山在府東九里鎭山○明活山在府東十一里〔新增〕山下有原名曰閑地原乃府城來脉也自古種樹成藪自嘉靖壬午年間民多冒耕而鑿斷山脉引水灌田天啓癸亥年間沙里驛卒以馬位田換得民田移居於此今年因邑人呈狀爲其有傷來脉申請監司撤移沙里舊驛 今按明活山一枝爲狼山自狼山爲月城而一枝爲府龍輿地勝覽以狼山爲鎭山者非也 吐含山在府東三十里新羅稱東嶽爲中祀

金剛山在府北七里新羅號北嶽○非月洞山在府西六十七里○仙桃山在府西七里新羅號西嶽或稱西述或稱西兄或稱西鳶○含月山在府東五十里新羅號南嶽○金鰲山一名南山在府南六里○唐顧雲贈崔文昌詩我聞海上三金鰲金鰲頭戴山高高山之上兮珠宮貝闕黃金殿山之下兮千里萬里之洪濤傍邊一點鷄林碧鰲山孕秀生奇特○兄山在安康縣東二十一里新羅稱北兄山爲中祀
蔚介山在府西三十里○伏安山在府南三十里○墨匠山在府南四十里○只火谷山在府西四十里○斷石山一云月生山在府西二十三里諺傳新羅角干金庾信欲伐麗濟得神劒隱入月生山石窟鍊劒試斷大石疊積如山其石尙存創寺其下名曰斷石○紫玉山在安康縣西十三里○達城山在安康縣南二十里○飛鶴山在神光縣西五里○咽薄山在府南三十五里諺傳金角干携寶劒入深壑燒香告天祈禱兵法處○舍羅峴在府北三十里○件代嶺在府東三十六里○女根谷在府西四十一里世傳百濟將軍亐召伏兵于此新羅善德王命角干閼川掩殺之無子遺此王知幾三事之一也○成峴在府北五十八里○入助嶺在府東六十五里○馬北山在神光縣北二十六里○柿嶺在府東六十五里長鬐縣界○楸嶺在府東三十里○箴嶺在府東四十里○鵄述嶺在府南五十里卽朴堤上妻望哭自盡處○海在府東七十里○入助浦在府東七十里有魚梁○兄山浦在安康縣東二十里堀淵下流○東川一云北川一云閼川在府東五里出楸嶺入堀淵〔新增〕俗傳川流自東北直衝邑居故高麗顯宗朝發全羅忠清慶尙三道軍丁築石爲堤盛植林藪

以防水害云○西川在府西四里有三源一出咽薄山一出墨匠山一出只火谷山合流入兄山浦○温之淵在安康縣東二十四里有龍堂禱雨有應○堀淵川在府北三十五里有魚梁○史等伊川一云荒川在府東三十里源出吐含山入西川○蚊川在府南五里史等伊川下流○金克己詩東皇一手恩萬彙均沾被花心鶯惠風鳥聲感和氣朱朱上緋桃白白尋練李鶯舌鬪歌童燕腰欺舞妓占斷艷陽天追攀幽勝地將升兎嶺巔却並蚊川涘仰空遙送目臨岸靜傾耳屛開簇簇山鏡轉溶溶水雲端帖黃鵠浪面跳紫鯉幽馨掬蕙蘭秀色飡荷芰美景苦難逢浮生寧久恃要成域外遊都遣人間累走筆縱狂吟飛觴誇爛醉是非兩忘筌榮悴俱脫屣綠醅猶未闌紅晷忽將墜今夕是何時此身誰氏子若非蓬島仙眞箇漆園吏浮休尙忘情去住寧介意擧頭謝煙霞扶腋回杖履但恐車馬塲晨興趂聲利○又祓禊詩今年濕蟄少開霽十日愁霖如倒河忽喜陰雲淨似掃南山萬朶開青螺逸勢橫奔五百里中塗拗怒成坡陀下有蚊川一帶水千盤萬折流逶蛇走向月精橋口過驚瀾崩碎響鳴珂嚴莊樓下漸汗慢浪息沙平鋪蜀羅洛邑諸生十萬指臨流祓禊肩相磨良辰美景古難必盛集誰辭追永和而予況又少放狂擬拖紅船隨素波胡爲忿忿向學舍促席共倒金叵羅蒲萄綠漲色可掇痛飲不省朱顏酡淸歡半酣客未散竹外紅日先蹉跎乘酣意氣忽橫出欲上青天橫魯戈○吐上池在府東四十里○高位山在府南二十五里天龍寺主山也 以上出輿地勝覽 〔新增〕瓢巖在府東北五里李謁平所降處俗傳新羅時以此巖有害於國都種瓢以覆故名焉○於乙於山安康縣鎭山也橫截縣西北○三勝山在安康

縣西二十里谷中水石淸奇師傅鄭克後構書堂○道德山在安康縣西十里紫玉山西北峯也上有塲巖中有斗德菴詳見佛宇○華蓋山玉山書院主山也形如華蓋故名焉○雪倉山在安康縣東八里良佐村主山也○舞鶴山在安康縣西十五里○茂陵山在安康縣西南十里○昆弟山在安康縣南十五里有雙峯並峙形如兄弟故名○鳳棲山四聖山在府東五十里俗傳新羅時四聖僧住于南峯鳳鳥常集于北峯故名其南曰四聖名其北曰鳳棲○兄弟山在府東二十里雙峯並峙如兄弟故名○峩眉山在府南七十里天旱禱雨有應○僧三山在府北十里俗傳高麗時三僧入公庭化爲虎故名○鳳坐巖在杞溪縣西南十里巖西有石窟其下有鎭氣菴舊址○太華山在杞溪縣北十五里○雲住山在杞溪縣西十五里安國寺主山也以山勢高峻雲氣常住故名○雪倉山在府西五里許○蛇山在杞溪縣東上有羅代胎峯○臂長山在府西三十里金谷寺主山也其北有羅代胎峯○生鵝峴在杞溪縣北四十里○大峴在杞溪縣北十五里○火乃峴在杞溪縣西二十里○磨遊峴在杞溪縣東十里○鞍峴在杞溪縣南五里○龍巖在神光縣東五里巖上有臥龍形故名○獨山一云鄕校山在神光縣東二里廣野中有一小山斗起上有土城形二重其內有井大旱不渴俗傳鄕校基云○安趾山在神光縣北三里上有土城形三重俗傳新羅眞平王所遊處也○富山在府西三十里品上村主山也山上有舊基俗稱長者基又有湧井山腰有石窟中可容十餘人○貴尊崖在府西四十五里○龜尾山在府西三十里上有祈雨處○仁崖山在府西四十里○硯滴峯在府西五十五里形如硯滴故名○石頭山在

府西五十里○東京阜在府西八十里境接清道○禿瓢巖在府西四十里○磨叱巖在府西北五十里○礪峴在安康縣西三十里永川界○花折峴在府西十七里○馬轉峴在府西二十里○檢丹山在安康縣南二十里土坊村西○車嶺在府東五十五里○虎穴窟在甖匠山東中可容三十餘人○毘山在府南三十里○望山在府南二十里上有祈雨處○寒川有三源一出玉山洞一出礪峴一出豆里洞合流入于堀淵川○達城川有二源一出大峴谷一出省法谷合流入于堀淵川○虎邑川源出飛鶴山流入于興海曲江○牛朴川有三源一出吐上一出新院一出石乙只合流入于蔚山太和江○義谷川有二源一出甘存一出蘆谷合流入于清道孔巖川○竹長川源出青松界柳峴流入于永川獐項川○牟梁川有七源一出雨徵洞一出達川洞一出仙童洞一出阿火一出道伊洞一出左川一出斷石山合流入于西川

勝地

鳳凰臺在府南門外○浮雲臺在府西四十五里如鳳凰臺而差高俗傳羅王所遊處也○獨樂堂在玉山書院之北一馬場許晦齋李先生別墅也五峯李好閔贈別獨樂堂主人李浚卽先生庶孫子也詩昔過紫玉山不見泉石奇泉石可不見道脉實在斯斯人又南歸使我增長悲鳳臺黃菊開河岸丹楓垂吾道亦未晚匹馬今當隨○柳西厓詩李君信厚士憐我老多奇春風一見過秋日復來斯行藏久已定世事安足悲且盡一盃懽莫遺雙淚垂清

風與明月此時又相隨○旅軒張先生詩白頭至紫玉融結方最奇東賢至晦齋道脉正於斯如何終絕徽永作山河悲幸賴有著述的訓星日垂所樂自可尋不須杖屨隨○東岳李安訥詩人好烏亦好況乃溪山奇山中有閑地我欲老於斯楊歧良可泣墨絲詎無悲永依仁里居仰承明訓垂先哲去已遠捨子孰追隨○柳西厓詩此去桃花洞迢迢七舍餘獨來殘雪後遙訪故人居舊義今猶在交情病未疎春風一相別危涕各漣如○養直菴在獨樂堂北今稱溪亭前臨澗水渟滀爲匯淥淨徹底先生手植松竹森列左右○灌圃魚得江詩曾看紫玉山中好公作書堂爲此溪今日英靈却驚怪生曾不見駭雞犀混沌溪山容我老青年住此白烏頭世人皆識吾貧鬼萬斛煙霞富可羞○先生次曰自知疎懶合幽棲卜築由來愛紫溪指揮始悟忘眞鵠處世猶嫌照水犀多公早占溪山勝投紱淸朝至白頭自歎平生心事謬養眞經世兩堪羞○龍洲趙絅詩玉山南麓供幽棲雲擁松林月印溪存想先生百年後心通不必待靈犀吾道東來暗復明遡源濂洛自先生試看險阻天心在遂使玄文澤咋成○觀魚臺卽溪亭下盤石也平坦如練可坐三四十人○詠歸臺卽觀魚臺東岸巖石斗起平鋪○濯纓臺在淨惠寺東溪岸○澄心臺亦在淨惠寺東溪岸與濯纓臺雙峙○洗心臺在書院杏壇下盤石平鋪周圍甚廣刻退溪先生所書洗心臺三大字於石南面澗水自山谷縈流於盤石間爲瀑布下有深潭名曰龍湫兩面如削成長可四五丈廣可一丈許亦刻退溪先生所書龍湫二大字於湫西面石壁上水漲衝激缺龍字右邊湫岸老楡成行蔭覆盤石　以上臺號皆晦齋先生所命而退溪先生亦皆書額筆跡藏在獨樂堂○下

龍湫卽洗心臺下流也左右巖石矗立瀑流成潭深不可測○雙碧亭在湫南岸盤松數株偃蓋其上○獅子巖在澄心臺北一馬場許○枕流亭在府西五十里義谷村層巒削平流水彎廻進士崔起南所構而今廢○鴛淵湖亭在府南二十里有峯高平俯臨深淵俗傳羅王遊賞處萬曆中進士金得地作亭于巖上今廢○盤龜臺在府南七十里三層爲臺狀如伏龜故名大川彎廻下爲澄潭其泉石之勝眞別區也○鳳臨臺在安康縣東堀淵下流斷麓斗起臨水晦齋先生命名焉○水雲亭在安康縣東雪倉山南麓平臨大野俯瞰川流叅奉孫曄作亭其上今廢○雪川亭在水雲亭左形勝與水雲亭並稱郡守李宜活所構○六宜堂在府東三十里吐上湖上佳致亦一別區縣監崔繼宗所構○府尹鄭文翼詩慳秘千年久幽居待子開山形飛鳳舞水勢臥龍廻石老松宜古沙明鷺亦來忘歸更把酒休道日西頹羣巒重坼處一壑抱村開隣近詩仙築庭無俗駕廻透簾雲影落侵幔水光來只有林泉興何知世道頹○府尹全湜詩亭敞春容媚湖平鏡面開舊聞山簡逸今向習地廻萬慮都消去三公肯換來登臨無限意遲日恐先頹春晚茅亭暖臺高綺席開閑情歌數闋豪氣酒三廻取醉渾忘返臨分更約來明朝有簿牒不惜玉山頹○正郞全克恒以集句次曰虛院野情在 高適 遐觀物象來 同人 林泉恣探歷 駱賓王 車馬繫遲廻 杜審言 遠水兼天淨 杜甫 長風送月來 韓愈 忘憂惟有酒 張言川 不怪玉山頹 盧照隣○萬歸亭在安康縣東二十里鄕人蔣惟亮所構俯壓兄江平臨大野宏豁明麗甲於東都東海商船皆泊於亭下師傅鄭克後爲記 見雜著補遺○二樂堂在金鰲山東麓鄕人任勣所構客堂也前臨池湖築石

爲階仍構樓亭登臨則宛在水中種蓮滿湖當秋盛開萬朶紅蕚輝映軒楹

土産

白礬出舍羅峴○沙鐵出府東八助浦○石硫黃出非月洞山○鰒○鰱魚○廣魚○銀口魚○大口魚○紅蛤○靑魚○魴魚○黃魚○洪魚○海衣○藿海中有菜俗名爲藿其類如昆布塔士麻通謂之藿○松蕈○海松子○蜂蜜○漆○白花蛇○天門冬○何首烏○吳茱萸○山茱萸○倭楮○鱸魚○文魚○松魚 以上出輿地勝覽 ○新增皂莢○皂角刺○麻黃○人參○麥門冬○水瑀瑚○水晶

城郭

邑城石築周四千七十五尺高十二尺內有井八十○徵禮門邑城南門也火於壬辰兵亂崇禎壬申府尹全湜重修東西北三門次第繼建○金城在府東四里赫居世二十一年甲申築京城號曰金城土築周二千四百七尺二十六年己丑營宮室於金城○月城在府東南五里婆娑王十二年辛丑築形如半月故名或稱在城土築周一千二十三步輿地勝覽周三千二十三尺秋王移居于此初脫解王少時登吐含山望城中可居之地見楊山一峯如日月勢乃下尋之卽瓠公宅也潛埋礪炭于其側詣瓠公曰此是吾祖家屋瓠公爭辨遂訟于官官曰何以驗汝家脫解曰我本冶匠乍出隣鄉爲人所奪請掘地以驗果得礪炭遂

與脫解居之此卽月城之址儒禮七年庚戌大水月城頹毀八年辛亥補築炤智九年丁卯葺之十年戊辰移居于此○李仁老詩孤城微彎象半月荊棘半掩麒麟穴鵠嶺青松氣鬱葱雞林黃葉秋蕭瑟自從大阿倒柄後中原鹿死何人手江女空傳玉樹花春風幾拂金堤柳○滿月城在月城北土築周四千九百四十五尺○明活城在月城東眞興王十五年甲戌築眞平王十五年癸丑改築周三千步輿地勝覽周七千八百十八尺慈悲王十六年癸丑葺之十八年乙卯移居于此○南山城在月城南眞平王十三年辛亥築周二千五十四步輿地勝覽周七千五百四十四尺文武王十九年己卯增築○富山城在府西三十二里文武王三年癸亥築石城周三千六百尺高七尺今半頹圮內有四川一池九泉有軍倉今廢○關門城在府東四十五里蔚山界石築周六千七百九十九尺今稱萬里城 以上出輿地勝覽而間補其遺

關防

甘浦營在府東七十二里○水軍萬戶一人正德壬申石築城周七百三十六尺高十三尺有內四井 出輿地勝覽（新增） 今移鎭于東萊

烽燧

兄山烽燧在府北四十五里東應迎日縣沙火郞山西應永川郡所山○下西知烽燧在府

東七十里南應蔚山柳浦北應禿山○禿山烽燧在府東五十四里南應下西知北應長鬐縣卜吉○大岾烽燧在府東五十七里南應蔚山加里山北應東岳○東岳烽燧在府東五十七里南應大岾西應高位山○高位山烽燧在府南二十五里東應東岳南應蘇山西應乃布岾○乃布岾烽燧在府西二十六里東應高位山西應朱砂山○朱砂山烽燧在府西四十二里東應乃布岾西應永川郡方山〔新增〕今移于道音谷村前山○蘇山烽燧在府南七十五里南應彥陽縣夫老山北應高位山 以上出輿地勝覽

宮室

集慶殿在客館北

太宗朝奉安我

太祖康獻大王睟容

世宗朝改造殿宇壬辰兵亂移安于江陵府基址階砌俱在○客館徐四佳居正東軒記新羅氏都雞林麗祖統三爲一國除爲慶州俄陞大都督府成宗置東京留守顯宗廢留守降爲慶州防禦使未幾復置之中更變故降知慶州事高宗復爲留守忠烈朝改稱雞林府我

太宗恭定大王十五年復爲慶州府

世宗莊憲大王朝安

太祖康獻大王睟容於集慶殿府於慶尙一道最鉅土地豐衍民物富庶人心淳朴有古新

羅氏之遺風往往有奇形勝地古賢遺跡前代人物之風流亦足想見矣居正少游嶺南歷名區抵于慶繁華佳麗實東南諸郡之冠第恨館宇湫隘雖有倚風一樓不足以登眺暢叙湮鬱是一州之大欠也竊以謂慶爲州自高麗氏已五百年吏于州不知賢幾人能幾人何無一人修擧廢墜至於如是哉壬午冬奉使至于慶吾友金資憲淡爲尹辛承議仲磷爲通判監司福川權公愷觴余倚風樓上予擧前說而告之尹笑曰子先得我心矣已謀諸通判將重新客館積材陶瓦以待歲月耳監司聞而亦嘉之居正曰慶之重新其有數乎得賢尹賢通判又得賢監司志同議合事可指日爲也未幾金尹以吏曹判書召還癸未夏蓬原鄭公興孫繼尹辛通判具白事由因客館舊址增大其規模將經營締構矣而鄉之大族今領議政高靈府院君申公叔舟大司成金公永濡又嘉其事遣梓人徐休董其役先起大廳五間前後有楹宏敞廣濶東西有軒各有上房俠室涼燠得宜施之丹雘文彩眩耀觀者韙之甲申冬辛通判以監察召還楊公石堅繼之修繕翼以廊廡繚以垣墻事既告成丙戌春正月鄭尹秩滿召還和城崔公善復繼尹二月楊通判見遞鄭通判蘭孫繼之功之未訖者兩侯措置亦必有餘裕矣一日辛公語余曰慶之官廨將新而倚風樓又火先儒稼亭李先生記亦隨以亡慶之往牒無文可徵知事之終始莫如子幸記之居正曰僕前日所欠於慶者得數君子一大重新豈不可喜而可書也況春秋興作必書重民事也予觀今爲守令率皆勞民動衆時屈擧贏建一樓營一廨妨政害民多矣今金尹辛通判創始於前一材一石費不及民繼而鄭尹楊通判勿亟勿勞使民以時如數君子者在春秋之例亦可褒而可書也

居正職叅藝苑不可以不文辭姑書大槩而歸之若崔鄭兩侯之聲繼而書者亦必有人矣

〔新增〕延祐七年庚申灾天順八年甲申重創嘉靖壬子灾百餘間燒燼羅代所傳三百二十五斤十五兩重靑銅大火爐並燒越四年乙卯重創萬曆庚寅灾舊基階砌尙在壬寅就南廳房遺址營建正廳及東西軒卽今所謂客舍也○五峯李好閔詩千古興王地山形鳳舞來明朝日南至昨夜賊東回風月詩仙去關河玉笛哀平生感舊意長嘯强登臺○東嶽李安訥詩嶺外雞林府鰲山海上來一從城北過五見斗西回紫綬榮堪詫蒼顏老可哀戀君心更切何處望鄕臺北嶽連雲起西川繞郭來城荒塔孤立野廣鳥雙回馬井基神異魚亭醉景哀無憑問三姓九聖但空臺○李敏求詩故國衣冠盡荒城歲月來春生遙野變日暮大江回錦石含孤憤珠陵起七哀郊墟不可望莫上最高臺○營廳府舊爲觀察使本營故有營廳今廢但有空址○賓賢樓在客館東○鄭河東麟趾記上之二十三年樞副金公益生尹于慶慶是新羅千年舊都繁華佳麗甲於南方公視事數月政之弛者張訟之滯者理德化行名聲著越明年陞階爲資憲特恩也一日公謂通判曰是州爲界之首每春秋監司元戎必於是焉而試武藝張幕於城外以爲場或風或雨之日儀形不稱盡圖所以改之耶詢于羣吏吏協厥謀乃卜地于城中客館之東偏厥地紆餘面勢甚宜闢其前矢可以及遠場其中馬足以騁力累土爲臺高可數仞起樓其上而五其楹望之翼如也俯壓千家四面衆山如在席下旬月之頃奐焉爲一州之壯觀喜可知也公告滿而來永嘉權公克和代尹迺丹楹而畢公之志焉公更欲侈之而求名於安平大君得大書賓賢樓三字以揭之慶

之幸何如也公又使予衍其命名之義予惟治莫盛於成周大司徒以鄉三物賓興賢能射御爲考藝之目行葦之詩曰射矢既均序賓以賢燕飮之際亦必以射禮爲先夫射也者其道可以觀德行其用可以威天下干城之將爪牙之士皆由此擧宜乎王者之是急故曰兵可千日不用不可一日不修周公之戒成王曰克詰戎兵以覲文王之耿光以揚武王之大烈召公之告康王曰張皇六師無壞我高祖寡命成康制禮作樂持盈守成之主而周召之告戒如此聖人之意可見矣其在高麗中葉以後文恬武嬉樓臺爲管絃歌舞之塲花月乎遊賞玩詠之席上下相忘於醉夢之中無有醒寤駸駸乎衰微不振卒之海寇鴟張屠害生靈無所畏忌雞犬爲之一空社稷因以丘墟豈不爲今日之殷鑑歟自古國勢之强弱生民之休戚皆係乎武備之得失我國家 列聖相承中外昇平然且安不忘危理不忘亂立武擧之科三年大比以求其俊傑設備習之法春秋訓鍊以選其精銳此豈非奮揚威武長治久安之道乎慶之尹積幾人矣樓之建始於公公其知國家之大體乎後之君子其勉旃焉

〔新增〕正統壬戌造成今廢卽所謂軍器廳也猶以賓賢爲扁○倚風樓在客館西○稼亭李穀詩序予至東京客舍登東樓殊無佳致乃陟西樓頗壯麗軒豁城郭山川一覽而盡三藏法師旋公大書倚風樓三字而無題詠者惟是府千年舊都古賢遺跡往往而有自入本國爲東京亦將五百載其繁華佳麗冠於東南而仗節觀風剖符宣化者又多詩人墨客意必有紅壁紗籠銀鉤玉筯輝暎其間以今所見惟賓軒所題一絕句在耳先儒金君綏首唱也或言曩館舍灾詩板隨以亡然金詩何獨不火火後之作亦何不見或者之言不足徵也

有一鄕校生曰金詩偶存可以想見百年前風流人物也蓋於其時民醇政簡遇事輒裁遇興輒發至於簿領陳於前絲竹列於後人不爲非而自不爲嫌也百年之後促促然務自修飭一嚬一笑恐或不時安敢登臨嘯詠以取腐儒之誚今先生無觀風宣化之勞以尋眞探勝爲事縱觀楓岳雪山萬仭又踰鐵關入東海以窮國島之奇秘遂遵海而南摩挲叢石亭之古碣三日浦之丹書六字舟泛永郞湖鏡浦以訪四仙之遺躅燭照聖留窟以極其幽怪而卒至於斯其於遊觀可謂厭飫矣然新羅古都壯觀遐眺萃於此樓而無一語而去爲先生羞余應之曰吾豈不云云乎哉但不能爲詩人墨客之流耳然於諸生之言深有所感而且得以觀世變因成長句四韻以示登斯樓者云詩曰東都文物尙繁華更起高樓拂紫霞城郭千年羅代樹閭閻一半梵王家珠簾捲盡山如畫玉笛吹殘日未斜倚柱吟詩還自笑重來不必要籠紗○徐四佳記嶺以南素稱多名區勝地居正少有司馬子長之志踰嶺而尙而善由花而星歷金晉訪咸密抵于慶慶卽古之雞林而新羅氏之所都也山河秀異雲物奇絕多有古賢遺跡足以償遠遊跌宕之氣第恨館宇湫隘雖有倚風一樓四簷低垂如坐甑中使人悶悶然壬午冬奉使再至府尹金公淡邀予登樓從容觴詠予曰滕王閣天下之名勝四海豪傑聞人才士登臨眺望者不知幾人乃得王中丞而重新韓退之而作記斯樓之修之記當屬之何人乎金尹莞然越數載館宇重新辛通判仲磷倩予記略書顚末歸之俄聞倚風樓又火火而未新者再稔丁亥春李侯念義來尹政修弊祛謀所以重新乃卽樓之舊址增大其規模經營締構翬然爲一道之壯觀繼而得田府尹稠生柳通判子濱又

加賁飾功乃就緒索記於居正予惟物之興廢物之理也而其所以一盛一衰者亦莫不關於時運當新羅之初天降異人闢淳厖建邦國君臣相濟仁厚爲政三姓相傳幾於一千年卒能平麗合濟富有東土此正唐史所稱仁人君子詩書之國足以想人物繁華之盛矣敬順王納土降麗如吳越錢王自是以後或州或府或縣隨沿革不同高麗之衰島夷侵軼樓觀灰燼雲物凋喪讀稼亭李先生記可見當時之多故矣

聖朝天地涵育邊陲妥帖百年于玆矣慶地廣民稠物阜財殷爲東南府庫之最吏又得人事無廢墜雖館宇樓榭亦皆一新是寧知天之靳於前日者乃所以待今日耶今斯樓也蟾帷棨戟之巡臨騷人墨客之遊賞憑欄徙倚俛仰古今感古都之興廢覽時物之推遷夷然豁然陶寫性情有古登樓作者之氣像此豈非太平之盛事而物理興廢之機耶嗚呼平壤三朝鮮高句麗之古都山河人物之勝與慶相爲甲乙牧隱先生嘗記風月樓而居正記重新稼亭先生記斯樓而居正又記重新以居正之不材名繼稼牧父子之名於東西二京豈非幸耶故不以文拙辭而樂爲記○李達衷詩當時自謂小中華半月城空鎖晚霞里有苔碑金佛刹境連蓬島玉仙家北川水落灘聲咽西岳雲奔雨脚斜一瞬興亡多少事憑軒朗詠岸烏紗〔新增〕延祐七年庚申灾厥後重修天順甲申灾成化戊子改修嘉靖壬子灾厥後未知某年重修某年還廢而卽今舊址猶在○南亭在州南五里五陵北府尹金淡所建今廢○東亭在府東南五里今廢○田祿生詩半月城空江月白孤雲仙去野雲閑更尋王粲登樓賦方寸詩情未易寬○利見臺在府東七十里海岸○世傳倭國數侵新羅文武王

患之誓死爲龍護邦國而禦寇盜將薨遺命葬于東海濱水中神文王從之葬後追慕築臺望之有大龍見于海中因名曰利見臺臺下十步海中有石四角聳出如四門是其葬處至今稱爲大王巖○李文和詩羅代君王孝子臺如今登眺已封苔霓旌羽蓋腸堪斷峻宇雕墻址自頹雲漢分明看北斗煙濤髣髴望東萊可憐波上白鷗鳥潮去潮來依舊廻○金藏臺在西川岸○涵碧亭在倚風樓南今廢 以上出輿地勝覽而間補其遺 〔新增〕府衙在客館西北府尹衙舍也○琴鶴軒在府衙東○制勝亭在琴鶴軒南○佐武軒在客館北判官衙舍也○光風樓在琴鶴軒東府尹朴守弘所創樓前築石爲池池中築小臺樹紫薇花一株○軍器廳在客館東南卽賓賢樓舊基南階下有蓮池○養武堂在府衙北○武學堂在城西門外今之營將虎睡軒也○鄕射堂在城東門外○醫局在府衙北○營繕○掾吏廳○敎坊○藥坊俱在城中○鍾閣在徵禮門外鳳凰臺下懸奉德寺鍾 詳見古蹟

倉庫

府倉在府衙南○常平倉在府倉南○大同廳在制勝亭南○官廳在府衙北○安康倉在府北四十五里安康縣土城中○兄山倉在府北四十五里兄山江邊古無倉舍田稅米穀上納則輸運于忠州可興倉下運則輸運于梁山甘同倉民甚苦之此倉之設所以便上下漕運也○東海倉在府東七十里古無倉舍亦因漕運之便而置之○神光倉在府北八十里神光縣土城中○杞溪倉在府北七十里杞溪縣○竹長倉在府北一百十里竹長縣○

北安谷倉在府西百里北安谷縣 以上各倉皆置監官一人而並以府縣座首例兼惟北安谷兄山東海倉別置 ○冰庫在月城

學校

鄉校在府南四里雞林西蚊川北新羅神文王二年壬午始立國學高麗以後爲鄉學而基則仍舊我

成廟朝弘治壬子府尹崔應賢重修制度倣成均館壬辰之亂權奉位板于道德山斗德菴而校舍灰燼久闕釋菜萬曆庚子府尹李時發時重建○聖殿三間典祀廳三間還安位板甲辰府尹尹暒時重建東西廡各十二間典祀廳各二間○

〔大成殿〕大成至聖文宣王東配兗國復聖公顏氏沂國述聖公孔氏〔西配〕郕國宗聖公曾氏鄒國亞聖公孟氏 以上五聖〔殿內〕〔東從享〕費公閔損薛公冉雍黎公端木賜衛公仲由魏公卜商〔西從享〕鄆公冉耕齊公宰予徐公冉求吳公言偃潁川侯顓孫師 以上十哲〔東廡從享〕金鄉侯澹臺滅明任城侯原憲汝陽侯南宮适萊蕪侯曾點須昌侯商瞿平輿侯漆雕開睢陽侯司馬耕平陰侯有若東阿侯巫馬施穀陽侯顏辛上蔡侯曹卹枝江侯公孫龍馮翊侯秦商雷澤侯顏高上邽侯壤駟赤成紀侯石作蜀鉅平侯公夏首膠東侯后處濟陽侯奚容蒧富平侯顏祖滏陽侯句井疆甄城侯秦祖武成侯縣成卽墨侯公祖句玆汧源侯燕伋宛句侯顏之僕建城侯樂欬棠邑侯顏何林慮侯狄黑鄆城侯孔忠徐城侯公

西蒧臨濮侯施之常華亭侯秦非文登侯申棖濟陰侯顔噲泗水侯孔鯉 以上孔門弟子 蘭陵伯荀況睢陽伯穀梁赤萊蕪伯高堂生樂壽伯毛萇彭城伯劉向中牟伯鄭衆緱氏伯杜子春良鄉侯盧植滎陽伯服虔司空王肅司徒杜預昌黎侯韓愈豫國公程顥新安伯卲雍温國公司馬光建寧伯胡安國華陽伯張栻魏國公許衡 以上自周末至宋元儒賢 弘儒侯薛聰 新羅國都人 文成公安珦 初名裕高麗興州人今豐基號晦軒先生 文敬公金宏弼 玄風人號寒暄堂先生 文正公趙光祖 漢陽人號靜菴先生 文純公李滉 禮安人號退溪先生 以上本國儒賢 〔西廡從享〕 單父侯宓不齊高密侯公冶長北海侯公晳哀曲阜侯顔無繇共城侯高柴壽張侯公伯寮益都侯樊須鉅野侯公西赤千乘侯梁鱣臨沂侯冉孺沐陽侯伯虔諸城侯冉季濮陽侯漆雕哆高苑侯漆雕徒父鄒平侯商澤當陽侯任不齊牟平侯公良孺新息侯秦冉梁父侯公肩定聊城侯鄡單祈鄉侯罕父黑淄川侯申黨厭次侯榮旂南華侯左人郢朐山侯鄭國樂平侯原亢胙城侯廉潔博平侯叔仲會高堂侯邽巽臨朐侯公西如內黃侯蘧伯玉長山侯林放南頓侯陳亢陽平侯琴張博昌侯步叔乘 以上孔門弟子 中都伯左丘明臨淄伯公羊高乘氏伯伏勝考城伯戴聖江都相董仲舒曲阜伯孔安國岐陽伯賈逵扶風伯馬融高密伯鄭玄任城伯何休偃師伯王弼新野伯范甯道國公周敦頤洛國公程頤郿伯張載徽國公朱熹開封伯呂祖謙蒲城伯眞德秀崇安伯蔡沈臨川郡公吳澄 以上自周末至宋元儒賢 文昌公崔致遠 新羅人 文忠公鄭夢周 高麗迎日人號圃隱先生 文獻公鄭汝昌 咸陽人號一蠹先生 文元公李彥廸 慶州人號晦齋先生 以上本國儒賢

萬曆甲辰府尹李安訥時重建明倫堂五間東西齋各五間明倫堂東墻外有提督廳四間廳東鑿池種蓮其中築石作小臺樹紫薇花一株崇禎後乙未築松壇于明倫堂北師傅鄭克後作記見補遺○聖殿前面古無階級正路己酉秋東西廡雨漏處修改訖工府使周冕與儒生相議仍取鴈鴨池臨海殿舊基石砌安於殿階下且築正路又建尊經閣於松壇東畔○西岳書院在府西仙桃山下一名西兄山太宗陵北嘉靖辛酉府尹龜巖李公楨議以新羅角干金庾信立祠享之府儒請以弘儒侯薛聰文昌公崔致遠並享龜巖稟於退溪李先生歲癸亥奉安三賢于一祠退溪先生命名曰西岳精舍講堂曰時習東齋曰進修西齋曰誠敬東下齋曰切磋西下齋曰澡雪前樓曰詠歸門曰道東樓楣間揭先生筆而俱燬于壬辰位板則移藏于山谷中萬曆庚子府尹李時發時構草舍于舊址還安位板壬寅府尹李時彥時重新廟宇而猶未盡復庚戌府尹崔沂時重創講堂齋舍及典祀廳藏書室天啓癸亥府尹呂祐吉時府儒進士崔東彥等陳疏請額　賜額曰西岳書院扁額則元振海筆也丙戌府尹李民宬時重建詠歸樓廟制東向弘儒侯開國公文昌公以次並享鄭克後西岳志備記三賢事蹟龜巖李公楨題西岳精舍詩柳綠花紅物色殷傍隨肯學少年羣千年大地俗非古一箇透儒心似薰素食幾驚中澤鴈岸巾空望出山雲仙桃洞裏新開宇探勝歸來滌垢紛虞家數語相傳後萬古斯文白日明一唯參乎心默契再賢回也道重亨光風東洛從容意秋月西林感慨情會友琢磨今有地丁寧無負此堂名○退溪先生次曰羅墟麥秀幾悲殷創置仍遺物議羣欲使英才欣式穀可無遊處善相薰千年白日元無翳萬古

青山一任雲珍重箇中眞樂事莫將餘外較紛紛箕敎吾東曾善國至今天步屬文明多材聖作非無本至道人行詎自亭寥落塵編尋寶訣奮興豪傑出常情儒宮好闢仙山境老我增思實趣名○八溪鄭宗榮次曰大東文敎自箕殷羅代名賢濟濟羣興亡百變餘山海治亂千秋混臭薰旌別終歸人正表指揮重見士如雲藏修可托西山下鄒魯曾多外議紛南中州郡如棊布分陝無能負聖明已喜文翁治化振還憐中子道心亨東都重見西山學誠敬兼多澡雪情共訪靑衿酬且問依然沂上詠歸名○退溪先生西岳精舍詩東都賢祀謗何頻變置眞成學舍新但使菁莪能長育涵游聖澤屬儒紳○金鶴峯謁西岳示院生詩西兄精舍舊聞名遠客初回萬里程誰識龜翁開院意雞林葉葉盡風聲○玉山書院在安康縣西紫玉山東華蓋山下文元公晦齋李先生書院也隆慶六年壬申府尹李齊閔率鄉中士林以定其基仍建廟宇癸酉自西岳鄉賢祠移安位版廟則三間其制西向號體仁其左有典祀廳二間廟前有講堂三間號求仁東齋曰兩進西齋曰偕立東下齋曰敏求西下齋曰闇修前樓曰無邊外門曰亦樂講堂東有經閣三間○宣賜書册及院備書册累百餘卷藏焉講堂北有碑閣一間碑乃神道碑也觀察使朴素立以墓在遐遠難於守護移竪焉萬曆甲戌因觀察使金公繼輝　啓請賜額曰玉山書院扁額則李公山海筆也○祝文學問淵深道德高厚啓佑後人享祀悠久○體仁廟銘生物之春在我爲仁體之以身何不長人○求仁堂銘心德何損放而曰遠一念知反卽此是本○兩進齋銘擇善惟明反身惟誠孰重孰輕聖賢同行○偕立齋銘敬直義方內外交相惟操不忘天德之光○無邊樓銘靡欠

隮餘罔終罔初光𩵋𩵋遊于太虛○東岳李安訥無邊樓詩萬古山傳紫玉名海東夫子晦先生無邊樓下梧桐月想得當年意味清○亦樂門銘聞風卽回望道而來不亦樂哉邦之英材銘皆盧蘇齋守愼所題也許草堂曄作書院記曰陝川郡守權公德麟晦齋先生之學徒也隆慶六年季秋以書來曰爲先生起書院其記始末且名齋舍哉曄受而藏之疾病遷延未卽起草萬曆癸酉冬先生之孫浚來傳權君已下世爲之驚悼少年志學之士遽至於是噫是何司命也感念亡友之囑謹寫拙詞以付李君之還竊惟先生之德容幸及瞻睹於游泮之日先生之德行又得備聞於退溪所撰行狀景慕而仰歎者久矣嘗見大明一統志程朱所過一憩焉一嘯咏之地無不起書院好賢之無已有如是者況先生之所棲遲做業者乎府尹李侯齊閔採鄉士三之願躬卜定其基告于監司請建書院出其庫餘以主其費鄉老儒士亦盡其力壬申二月始事八月訖功則祠宇與講堂暨東西兩齋及乎前樓摠四十餘間吁盛矣哉慶州安康縣之良佐洞卽先生之居也洞之西十五里有紫玉山先生建別墅以爲遊息藏修之所有濯纓澄心觀魚洗心等臺皆先生所題目而常逍遙自樂者也今之書院正當洗心臺之上上下龍湫澄泓可愛予雖未得躡斯境而據權公之示已竦然興起矣予雖未及摳衣於先生之門而聞先生之語得見心經附註竊自尊之以爲吾之師矣遂名其東齋曰敏求取孔子所訓好古敏以求之之義也其西齋曰闇修取朱子自贊中闇然而日修之義也樓曰納清清者氣也氣者陽也登斯樓者納清而養陽養陽以凝道斯其具也萬曆癸酉　賜額玉山書院依然朱子講義之地名號之美斯文之光可謂至矣

嗟夫予衰且病無由一入院中瞻拜祠宇得與鄉士子講明先生之正學以致提撕警覺之事徒爲東望悵悵而已惟願士子之居是院者感府尹營建之意思先生棲息之所不但慕其道德之高厚而且學其深潛縝密之功不但學其深潛縝密之功而且礪其篤實堅確之志則先生之鄉永爲鄒魯之多士而我　國家取材而經世者益悠遠而無窮矣豈不于先生有光哉嗚呼可不勉哉納淸盧蘇齋改以無邊○小學堂在府東二里不知何時肇建而成化乙未府尹梁順石重修擇有學術者爲師聚童蒙訓誨今廢○司馬所在鄉校南蚊川上不知何時肇建而火于壬辰遺礎階砌尙在○梅月堂祠宇在金鰲山南邊洞口卽茸長寺舊基而金公時習遊息之地也公之事蹟具載於栗谷李先生奉　敎所撰傳中公之平日足跡殆遍於國內名山而獨居金鰲有若將終焉之志觀於四遊錄可知也其曰自居金鰲不愛遠遊但優遊海濱放曠郊廛探梅問竹常以吟醉自娛者是公自志之言也世傳以梅月名堂者亦取金鰲梅月之意題金鰲新話詩所謂矮屋靑氈暖有餘滿窓梅影月明初者是也○茸長寺未知自何時荒廢而階砌尙存庚戌春府使周冕稟議于觀察使閔公著重謀諸境內人士草創祠宇於此將欲摹安公手寫眞象募僧守護未及訖工而遞潤色之責自有後來之君子姑闕顚末云

驛院

仇於驛在府東四十八里○朝驛在府東二十五里○沙里驛在府北六里〔新增〕天啓甲

子移居閑地原今年還移舊基○奴谷驛在府南二十六里○阿火驛在府西四十五里○金克己詩何處堪惆悵晨興遠邁時登途雖促促去國尚遲遲嶺杪新曦湧林間宿霧披擧盃無與語庭樹綠猗猗○義谷驛在府西五十七里○鏡驛在安康縣距府四十里○仍甫驛在府南五十五里○金克己詩悠悠山下路信轡詠凉天水有含苽蟹林無翳葉蟬溪聲清似雨野氣淡如烟入夜投孤店村夫尚未眠○仁庇驛在杞溪縣西六里距府七十六里○六驛在神光縣距府七十五里○牟梁驛在府西二十三里○金克己詩鄉心萬里久搖旌忽向家山振策行遙嶺漸沉他界色亂流初放故園聲會收斷梗隨風迹持慰浮雲戀岫情世上榮枯堪一笑何須擾擾苦馳名○鄭以吾詩驛路蟬吟老樹秋東都遊客獨登樓五侯池館蓬蒿遍玉笛閑吹往事悠○趙浚詩雞林山水欲清秋萬古興亡客倚樓尚使後人迷不鑑天東此日獨悠悠○甫伊院在府東二里○東院在府東七里○龍頭院在府東十三里○長嶺院在府東二十五里○惠利院在府東南三十二里○河崙序雞林新羅氏之古都入前朝爲五府人物之繁夥史具可見也及其叔世倭寇爲患者數十年可悲之甚矣予於庚午春將適蔚州道過城南寄宿天王寺堂頭然上人接以良話明日出門則寺以東杳無人烟行九十餘里以至于蔚州則孤城去海不滿十里賴有戰艦分泊浦口以備不虞耳其戍卒率兩月一更代魚鹽之貿易者亦時至其於九十里往還之間祁寒暑雨或値日暮無所於止息草竊之可慮虎豹之可畏不能不呻吟耿耿以待曙光於林莽之間矣予將還又宿天王寺語及羇旅之苦行役之難上人曰予雖出家爲養老親不能遠離鄉井子之

所言予所悉知也親已歿願以追福之餘就於半途構一小院力不能足耳予聞而義之明日上人送至大悲院丁丑春予尹府而至則上人尙無恙公退之暇相與之話舊上人乃曰予於向之半途卜得古之人所謂德方洞者前後皆山草木叢茂澗水中流可以爲燠房可以爲凉軒旁有閑地又可以種蔬果誠宜置院以便行旅而南靜州得溫李節制從周共助其費幾乎有成矣予聞而喜之欲於暇日相與一往觀之而未遂也今予奉使命又過府境上人出而見之喜滿于色曰吾之院旣成而子方有中國之行不敢請陽村權公已記之矣予猶不得院名請子幸名之以光吾院予曰吾東方道途之有院宇卽周禮廬宿之遺意而爲政者之所當務也今上人孝其親以誠又推其餘以及於行路之人是其惠人利物之念發乎天性之所固有而不容已者若此其視深山窮谷之中坐於空寂如槁木寒灰無所事於世者相去豈不遠乎是宜有以名其院而使夫來者有所觀感也於是名之曰惠利仍次其前後之相語者以爲序云○毛火村院在府東四十三里○要光院在府東三十七里○利見院在利見臺傍○典洞村院在府東五十七里○南院在府南五里○太櫓院在府南六里有新羅金生太櫓院三大字○天龍院在府南二十五里○仇沙院在府南三十四里○回隱村院或云錢邑在府南三十八里○仇良火村院在府南五十里○大悲院在府南十五里一名豆豆院○金藏院在府西二十五里[新增]一名金尺院詳見異聞○彌勒院在府西三十里○高院在府西四十里○永慶院在府西六十里○果雙院在府西三十五里○甘助村院在府西四十里○楓井院在府西七里○新院在府西五十六里○大恩院

在府東十四里○館院在府北七里○花山村院在府北十五里○廣濟院在府北十六里○所也院在安康縣南十五里○閑甫院在安康縣南二里○礪院在安康縣西二十里○仁多院在杞溪縣西十三里○多叱院在安康縣北十一里○竹洞院在神光縣南五里○待候院在竹長縣南二十里 以上出輿地勝覽

橋梁

大橋在蚊川上今廢○孝不孝橋在府東六里世傳新羅時有七子之母所私在水南伺其子寢往奔之其子相謂曰母涉水夜行於子心安乎乃作石橋母慙而改行時人名其橋曰孝不孝○掘淵川橋在府北二十里一名廣濟院橋新增今年大雨川水變遷失其故道移就府北十五里爲橋○神元橋在府西十里 以上出輿地勝覽新增南亭橋在府南五里

祠廟

社稷壇在府西(新增)中移于府東東川今年又移于府城西二里許○文廟在鄉校○城隍祠在府東七里○赫居世廟在府南月南里我

世宗十一年立廟每歲春秋仲月降香祝幣以祭○昔脫解祠在東嶽項脫解王夢於武烈王而言曰拔我骨於疏川丘塑像安於吐含山王從其言髑髏周圍三尺二寸骨長九尺七寸齒凝如一骨節皆連鎖遂立祠於東嶽今廢○聖母祠在西岳仙桃山聖母本中國帝室

之女名娑蘇早得神仙之術來止海東久而不還遂爲神世傳赫居世乃聖母之所誕也故中國人讚有仙桃聖母娠賢肇邦之語今廢○敬順王影堂在府東北四里每節月州首吏率三班以祭〔新增〕天啓丙寅觀察使金時讓以姓孫巡到本府行祭影堂會鄉之姓孫議定有司以修祀事歲以爲常○神母祠在鵄述嶺上神母卽朴堤上妻也堤上死於倭國其妻不勝其慕登嶺望日本慟哭而死遂爲其嶺神母其村人祀之後爲祈雨之所○厲壇在府北以上出輿地勝覽〔新增〕纛壇在府西門外

陵墓

赫居世陵在曇巖寺傍官禁田柴世傳王升天七日後五體散落于地國人欲合而葬因蛇妖各葬之遂號五陵亦云蛇陵○味鄒王陵在府南皇南里儒禮王時伊西國今淸道人來攻金城我兵禦之不能抗忽有異兵來助皆珥竹葉幷力擊賊破之軍退後不知所歸但見竹葉積於味鄒陵前乃知先王陰隲有功因號竹現陵一云竹長陵○法興王陵在哀公寺北峯○太宗武烈王陵在永敬寺北今西岳里梅溪曹偉詩道傍墟落間青青麥已秀斗起數仞峯穹窿如伏獸斷碣臥荒草昂然見龜首葬蒼原陸長迤邐川原走云是武烈陵因山制非陋下馬髮蕭森拱立歛雙袖摩挲讀碑文缺落難貿究茫茫歲月荒委棄無人守憶昔陰爲陽二曼非眞后强隣肆侵軼四境多兵鬪惟王入繼統卓焉功德茂爪牙委庾信武略殆天授幷濟開覇圖劃掃百年寇皇唐嘉乃勳厥篚堆錦繡疇庸錫鴻命關土縣廣袤俊乂

共登庸倉廥日殷富井水忽爲血大運嗟莫救劒履就窀穸英爽歸昴宿舊史粗可徵紀載恨踈漏人事如浮雲誰能了宇宙佳城萬古閉日暮嘯鼪鼬○眞興王陵在府西西岳里○善德王陵在狼山南巓○孝昭王陵在府東芬南里○聖德王陵在府東都只谷里○憲德王陵在府東泉林里○興德王陵在安康縣北〔新增〕俗號獐陵○金庾信墓在府西西岳里○金仁問墓在府西西原○金陽墓陪葬太宗王陵 以上出輿地勝覽〔新增〕掛陵在府東三十五里不知何王陵俗傳葬於水中掛柩於石上因築土爲陵故名焉石物尙在○南解王陵○儒理王陵○婆娑王陵俱在蛇陵園內○脫解王陵在城北壤井丘○奈勿王陵在瞻星臺西南○眞智王陵在永敬寺北○眞平王陵在漢只○眞德王陵在沙梁部○神文王陵在望德寺東○景德王陵在毛祇寺西岑○僖康王陵在蘇山○神武王陵在兄弟山北今東方洞○文聖王陵○憲安王陵俱在孔雀趾○憲康王陵○定康王陵俱在菩提寺東南○眞聖王陵在黃山今梁山郡黃山驛 孝恭王陵在獅子寺北○神德王陵在竹城○景明王陵在黃福寺北麓○景哀王陵在南山蟹目嶺 以上出三國史餘皆水葬火葬

祈雨所

始祖廟○金角干墓○栢栗寺○北兄山○温之淵○龜尾山○望山○鵄述嶺

東京雜記卷之一 終

佛宇

靈妙寺在府西五里唐貞觀六年新羅善德王建殿宇三層體制殊異諺傳寺址本大澤豆豆里之衆一夜塡之遂建此殿今廢○芬皇寺在府東五里善德王三年建有高麗平章事韓文俊所撰和諍國師碑乃烏金石也○金克己詩苔繞空階竹拂簷境淸不復受朱炎僧閑雅笑廻黃眼客醉高談奮紫髯蓮沼我常尋慧遠栁門公亦引陶潛含盃傲兀忘歸路淅瀝殘陽下半簾〔新增〕高麗肅宗朝鑄藥師銅像重三十萬六千七百斤後改小之○佛國寺在吐含山中有石橋二曰靑雲曰白雲制作極巧新羅人金大城所創初牟梁里貧女有子曰大城早死其死之夜國宰金文亮家有神唱于空云牟梁里大城今托汝家文亮妻果有身及生男右手握七日有金簡在其手鐫大城二字因以名之旣壯迎置貧女于家養之與母同又創此寺請僧表訓常住以祝二母壽○佔畢齋金宗直詩爲訪招提境松間紫翠重靑山半邊雨樓日上方鍾語與居僧軟杯隨故意濃頹然一榻上相對鬢鬖鬆〔新增〕金時習詩斲石爲梯壓小池高低樓閣映漣漪昔人好事歸何處世上空留世上奇秦宮隋殿

魏招提剩得當時俗眼迷人去代殊俱寂寞夕陽惟有老烏棲○祇林寺在含月山○李達衷詩謁佛祇林後還宮半月時山深雲在峽木老草生枝勇少伊尼睡吟長欵叚疲此行眞可詑觸處有新詩○感恩寺在府東五十里其東三里有利見臺寺中古記云新羅文武王遺詔藏骨於東海邊遂爲海龍神文王爲父王創寺於東海上金堂砌下開一穴乃龍之入寺旋繞之處其穴至今尙在今廢○栢栗寺在金剛山有栴檀像○全思敬西樓記鷄林樓觀之中栢栗寺樓居其最先儒鄭知常輩作詩題詠極道其美創始歲月則不可考也殘廢已甚不與景致相稱鈴平君尹相國承順尹府之二年倭寇旣退戎兵久閒與寺住持見海府倅沈于慶謀欲重新命通禮門祇侯金精美安逸金君子領戍卒而督其役其向背增損之宜皆自公意而登臨觀覽之富倍於昔日矣惟玆寺也降香祝釐之所士大夫之所常往來況新羅古都壯觀遐眺摠在此樓乎非好古君子孰能革殘廢爲華構與四方遊覽者共之哉如曰修營佛宇邀福於釋氏者非尹公之志也○鄭知常詩晨興小樓頭捲箔觀天宇樓下卽鷄林奇恠不可數老樹烟濛濛橫斜一萬戶白雲飛東山綠水走西浦突兀黃金刹相望朝欲煦有森月城中花竹今無主空餘古風流一曲高聲舞記憶崔儒仙文章動中土絲往錦還鄕年未二十九白玉點蒼蠅不爲時所取至今南山中唯有一遺圃邈哉九世孫結髮混卒伍喚來峩其冠人識賢者後亦有薛先生蔚然龍與虎方言講五經學者比東魯俗呼二君子齊名同李杜嘯詠臨清風宿疾猶可愈揭來謁金仙虛堂香一炷稽首祝吾君萬年受天祐想像妙明鏡知予此心否試茶閔子泉甌面發雲乳三復壽翁詩滿壁珠璣吐

樂哉無所憂此樂何太古飛蓋下松門松門日卓午○朴孝修詩我行及良辰春山開杜宇
紅旆引歸程古風餘禮數喝道靑松陰撞鐘啓雲戶如上補陁山寶殿拂銀浦白華四時開
芬馥恒春煦居僧惟兩三孰爲香火主眺望登西樓簷楹若飛舞南曠人烟稠文物舊羅土
金刹間人廬筭得十中九聖跡雜凡蹤過客奔看取甲第與珠宮亂後成野圃堂有白衣尊
妙化無雙伍琴笛泛鯨濤往事森壁後畏兵來乞茲干戈旋諂虎悔鈍來乞聽與聽於戇魯
應諸心所求普門未嘗杜冷冷甘露多灑餘熱惱愈我以血作油此身爲信炷但願帝萬齡
吾君享百祐三韓向昇平乘泰常除否嬰慕萬方來仰吸文四乳普率同一懽强弱無吞吐
自然開壽域世復羲皇古念茲坐夜深月正當樓午○天柱寺在月城西北○俗傳炤智王
射琴匣而倒乃是寺僧也其北有鴈鴨池〔新增〕卽新羅王內佛堂今帝釋院也國人歲植
名花于庭祈福○錫杖寺在府北十里○世傳新羅僧良志錫杖頭掛一布帒錫杖自飛至
檀越家振拂而鳴人知之納錢布帒滿則飛還名其所住曰錫杖寺○法光寺在神光縣西
飛鶴山下○世傳眞平王使元曉募緣創立二層殿俗號金堂至今尙在○天龍寺在高位
山府南距二十五里○鍪藏寺在府東北三十里暗谷村北諺傳麗祖統三後藏兵鍪於谷
中因名之有古碑○茸長寺在金鰲山詩僧雪岑嘗構此居焉岑俗名金時習〔新增〕金時
習茸長寺有懷詩茸長山洞窈不見有人來細雨移溪竹斜風護野梅小窓眠共鹿枯椅坐
同灰不覺茅簷畔庭花落又開 以上出輿地勝覽而間補其遺〔新增〕淨惠寺在紫玉山下
晦齋李先生少時隷業於斯其創建不知其幾年自古傳稱新羅古刹佛前卓子足有致和

元年正月日造八字而有先生手書同遊錄在於法堂北壁中楹箴七句在於北壁東窓之左後人恐其塵汚遂皆刻其字粉而籠之玉山書院創建後因爲完護寺○斗德菴在淨惠寺西北道德山腰巖石壁立如屛障盤石平鋪周圍甚廣冷泉瀉出巖底菴僧以石作凾而貯之正當厨門外壬辰之亂鄕校位版權奉於此得免兵火○遠願寺在府東鳳棲山麓未知某年所創而崇禎庚午重修丙申灾旋卽重建○開善寺在金鰲山東麓火于壬辰崇禎辛未重修○深源寺在府西七十里○障川寺在府南六十里前有溪水沿溪而南五里有盤龜臺○黃龍寺在府東三十里○斷石寺在斷石山○金谷寺在府北二十里○安谷寺在杞溪縣西十五里○太華寺在杞溪縣北二十里○大屯寺在鵄述嶺西麓○巨洞寺在竹長縣西南十五里○密谷寺在府北

古蹟

辰韓六部朝鮮遺民分居東海濱山谷間有六村一曰閼川楊山村今曇巖寺卽今之府南月南南建等村其長謁平初降于瓢巖峯二曰突山高墟村今南山部九良伐麻等烏道北回德等南村屬焉卽今之府南仇良火麻等烏等村其長蘇伐都利初降于兄山三曰茂山大樹村今長福部朴谷等西村屬焉卽今之府西牟梁朴谷等村其長俱禮馬初降于伊山一作皆比山四曰觜山珍支村今通仙部柴巴等東南村屬焉卽今之府東賓子柴己等村其長智伯虎初降于花山五曰金山加利村今加德部上下西知乃兒等東村屬焉卽今之

東海邊上西知下西知乃兒等村其長祇沱初降于明活山六曰明活山高耶村今臨川部勿伊村仍仇旀村闕谷一作葛谷等東北村屬焉卽今之川北勿伊葛谷等村其長虎珍初降于金剛山○按上文六部之祖似皆從天而降出三國遺事儒理九年春改六部名仍賜姓以楊山部爲及梁姓李高墟部爲沙梁姓崔大樹部爲漸梁一云牟梁姓孫珍支部爲本彼姓鄭加利部爲漢祇一云韓岐姓裴明活部爲習比姓薛出東國通鑑高麗太祖二十三年陞州爲大都督府改六部名及梁爲中興部沙梁爲南山部本彼爲通仙部習比爲臨川部漢祇爲加德部牟梁爲長德部一云長福出麗史地理志○楊山蘿井在府南七里漢宣帝地節元年高墟村長蘇伐公望楊山麓蘿井傍林間有白馬跪拜狀卽覲之馬忽不見有大卵剖之嬰兒出焉收養之及年十三歲岐嶷夙成六部人以其生神異立爲君稱赫居世居西干辰人謂瓠爲朴以大卵如瓠以朴爲姓○閼英井在府南五里新羅始祖五年龍見是井右脇誕生女兒老嫗見而異之收養之以井名名之及長有德容始祖納以爲妃有賢行能內輔時人謂之二聖○金城井在府內新羅始祖時龍見是井○雛羅井在府南七里新羅炤智王時龍見是井○始林在部南四里脫解王九年王夜聞城西始林樹間有鷄鳴聲遣大輔瓠公視之有金色小櫝掛樹枝白鷄鳴於其下王取櫝開之有小男兒在王喜曰此豈非天遺我令胤乎乃收養之名曰閼智以其出於金櫝故姓金氏因名其林曰鷄林因以爲國號林中築石高可三尺諺傳閼智解胎時置剪子石有刀痕在閼智七世孫味鄒娶助賁王女王無子味鄒代立是金氏有國之始閼智三國遺事云小兒之稱○永昌宮新羅

文武王時建今未詳所在○瑤石宮新羅僧元曉嘗唱歌云誰許沒柯斧我斫支天柱太宗王聞之曰此師欲得貴婦產賢子之謂爾國有大賢利莫大焉時瑤石宮有宗室寡婦王勑宮吏覓元曉自南山來過楡橋遇宮吏佯墮水中吏使元曉至宮曬衣袴因留宿寡婦果有身生子卽薛聰宮基在鄕校南楡橋在宮基南○黃鶴樓在客館東今廢○琴松亭在金鰲山頂○玉寶高遊樂之處寶高新羅沙粲恭永之子景德王時人入智異山雲上院學琴五十年自製新調三十曲彈之有玄鶴來舞遂名玄鶴琴又云玄琴世傳寶高得仙道○鮑石亭在府南七里金鰲山西麓鍊石作鮑魚形故名焉流觴曲水遺跡宛然○高麗太祖十年後百濟甄萱攻燒近品城進襲新羅高鬱府今永川逼至郊畿新羅景哀王遣連式告急王謂侍中公萱大相孫幸正朝聯珠等曰新羅與我同好已久今有急不可不救遣公萱等以兵一萬赴之未至萱猝入新羅都城時景哀王與妃嬪宗戚出遊鮑石亭置酒娛樂忽聞兵至倉卒不知所爲王與夫人走匿城南離宮從臣伶官宮女皆被陷沒萱縱兵大掠入處王宮令左右索王置宮中逼令自盡强辱王妃縱其下亂其嬪妾立王表弟金傅爲王虜王弟孝廉宰臣英景等盡取子女百工兵仗珍寶以歸○李仁老詩石虎宮中有棘生銅駝陌上無人行危亭琴松半零落殘月依依照古城當時絲管競悽咽泛泛金觴隨曲折中流空惜魏山河醉鄕不管陳日月○梅溪曹偉詩淸溪一派流縈回荒涼洞壑迤邐開鮑魚散落溪水側春殘石老生蒼苔羅王昔日厭萬機金輿玉輦長徘徊流連此地弄淸泚羽觴泛泛隨波來君臣酣歌入醉鄕簫鼓動地如春雷不悟敵兵入心腹白日鐵騎潛銜枚蹀血宮庭那

忍說倉皇朝市飛塵埃宮娥宛轉啼軍前寶鈿零落委草萊蟹目嶺上愁雲凝松聲尚帶千年哀君不見臨春閣中醉醺醺不知門外韓將軍玉樹璧月歌未闋江南王業隨烟滅前車可爲後車戒後車相尋迷覆轍我願天公令鬼守留與後人鑑此石○瞻星臺在府東南三里善德女主時鍊石築臺上方下圓高十九尺通其中人由中而上下以候天文○安軸詩前代興亡歲月經石臺千尺聳靑冥何人今日觀天象一點文星作使星○圃隱鄭先生詩瞻星臺兀月城中玉笛聲含萬古風文物已隨羅代盡嗚呼山水古今同○梅溪曹偉詩離離禾黍暗阡陌中有崇臺高百尺根連黃媼地中深影對靑山雲外矗齒餠當年民物醇羲和曆象次第陳玄圭測影觀日月登臺望雲占星辰乾文順度泰堦平彌蠶不現天宇淸雨暘不愆民不瘥豐登四野謳謠聲乾坤萬古舟藏壑不見金甌終妥帖紛紛人世幾番塵金碧觚稜盡荊棘刼火不燒渠獨在累石巋然風雨外魯中觀臺今有無羅時制作堪一噫○九聖臺在金鰲山諺傳新羅時九聖所遊之處○阿珍浦多婆那國在倭國東北一千里一名龍城國其國王含達婆娶女國王女爲妃有娠七年乃生大卵王曰人而生卵不祥宜棄之其女以帛裹之置櫝中載船浮海祝曰任到有緣之地立國成家至阿珍浦有老母開見之小兒在焉取養之及壯風神秀朗知識過人或曰此兒不知姓氏初來時有鵲飛鳴宜去鳥以昔爲氏又解櫝而出宜名脫解王聞其賢以女妻之及儒理薨脫解從遺命繼位是爲新羅第四王○書出池在金鰲山東麓○新羅炤智王十年正月十五日王幸天泉亭有烏鼠之異王令騎士追烏南至避村兩豬相鬪留連見之忽失烏所在時有老翁自池中出奉

書外面題云開見二人死不開一人死使來獻之王曰與其二人死莫若不開但一人死耳日官奏云二人者庶人也一人者王也王然之開見書中云射琴匣王入宮見琴匣射之乃內殿焚修僧與宮主潛通而爲奸也二人伏誅名其池曰書出池○鴈鴨池在天柱寺北文武王於宮內爲池積石爲山象巫山十二峯種花卉養珍禽其西有臨海殿不知創於何時而哀莊王五年甲申重修基礎砌猶在田畝間○星浮山在府南二十里一峯秀出○新羅時有人謀求官命其子縛高炬夜登山項擧之京城人以爲妖星現王憂懼募人禳之其父將應命日官奏此非大怪但一家子死父哭之兆是夜其子果爲虎所害○余那山在府南四十里世傳有一書生居是山讀書擢第聯婚世族後掌試設宴其婚家喜而作余那山之歌自後掌試者設宴先歌此曲焉○鳳生巖在南山新羅政化淳美鳳鳴于巖因爲名國人作歌美之○月明巷在金城南新羅憲康王遊鶴城至開雲浦忽有一人奇形詭服詣王前歌舞讚德從王入京自號處容每月夜歌舞於市竟不知所在時以爲神其歌舞處後人名爲月明巷因作處容歌處容舞假面以戲○李益齋詩新羅昔日處容翁見說來從碧海中貝齒赬唇歌月夕鳶肩紫袖舞春風○李詹詩滿川明月夜悠悠東海神人下市樓路闊可容長袖舞世平宜掛百錢遊高蹤縹緲歸仙府遺曲流傳在慶州巷口春風時一起依然吹動揷花頭○悅朴嶺在府南三十里東都妓囀花鶯所埋之地○金克己詩玉貌催魂隔世空端只見層巔神女雨收巫峽麗人風斷洛川雲學舞衫曳地月偸歌扇當天行客幾傷芳性滿巾紅淚泣然○萬波息笛神文王時東海中有小山浮來向感恩寺隨波往來王異之

泛海入其山上有一竿竹命作笛吹此笛則兵退病愈旱雨雨晴風定波平號萬波息笛歷代傳寶至孝昭王加號萬萬波波息笛今亡○玉笛長尺有九寸其聲清亮俗云東海龍所獻歷代傳寶之○朴元亨詩新羅有國開往昔民風朴畧無興作玉笛一物成何日非絲非石又非竹禮樂可堪回薄俗況復雕琢荆山玉當時草木猶被澤豈料鷄林今黃落瞻星臺古壓鮑石笛聲遠播人人屋一朝萬事烟霞滅所寶非人猶在物論錢未滿一錢直置之度外隨完缺我來忽聞一聲曲把筆作歌詞華拙獨不見商王象筯雲埋沒牧野千載遐思發○李石亭詩鷄林往事聞夙昔借問玉笛何代作聞說新羅太平日太平風月屬絲竹竹聲猶嫌渭川俗命工斲得藍田玉磨礲細膩光潤澤巧鑿六孔星錯落和絲調曲諧金石戛戛清聲定塲屋當時萬物皆烟滅至今存者惟此物無乃鬼物煩守直傳之永久完無缺我欲凝絲歌一曲曲且不成詞亦拙君不見岐山石鼓久湮沒昌黎老韓歌獨發〔新增〕諺傳麗祖欲玩之使人取去行過鳥嶺吹之聲不出麗祖知其神物而還之其後火燒破碎至今藏在工房庫○玉帶眞平王元年有神人降於殿庭謂王曰上帝命我傳賜玉帶王跪受凡郊廟大祀皆服之時人讃曰雲外天頒玉帶圍辟雍龍袞雅相宜吾君自此身彌重准擬明朝鐵作墀及敬順王降高麗獻于太祖乃鐫金安玉排方腰帶長十圍六十二銙也命藏于物藏庫初新羅使金律來高麗太祖問曰聞新羅有三寶丈六金像九層塔幷聖帝帶也有諸律對不知聖帝太祖笑曰卿爲貴臣何以不知律慙歸告敬順偏問羣臣無知者有皇龍寺僧年過九十者曰予聞眞平大王所服歷代傳寶藏在南庫遂開庫覓之風雨暴作白晝晦

嗅乃擇日齋祭然後得之國人以眞平是聖骨之王故稱聖帝帶至是來獻〇井田新羅時井田遺基尙存〇四節遊宅新羅王京人以富潤之家爲金入宅凡三十五宅又以四時遊賞之地爲四節遊宅春東野宅夏谷良宅秋仇知宅冬加伊宅〇財買谷金庾信宗女財買夫人死葬於青淵上谷因名之每春月同宗士女會宴於其谷之南澗于時百卉敷榮松花滿洞府谷口架築爲庵因名松花房〇日精橋一云春陽橋舊在府東南蚊川上〇月精橋舊在府西南蚊川上兩橋遺址尙存〇金克己詩半月城南兎嶺邊虹橋倒影照蚊川蜿蜒騰漢尾垂地螮蝀飮河腰跨天手斬蒼蛟周處勇身成白鶴令威仙昔賢逸跡皆驚俗慙愧區區數往還〇鬼橋在神元寺傍〇三國遺事眞智王時沙梁部桃花娘之美召致宮中欲幸之娘曰妾有夫雖死靡他王戲曰無夫則可乎曰可是年王薨後二年娘夫亦死浹旬夜王如平生到娘室曰汝昔有諾今無夫可乎留御七日忽然不見娘遂有娠生子名曰鼻荊眞平王收養宮中年十五每夜飛過月城西至荒川岸與鬼衆遊聞諸寺曉鍾而散王使勇士伺之知其然問荊曰汝領鬼衆遊信乎曰然曰然則使鬼衆成橋於神元寺北渠鼻荊使其徒鍊石一夜成大橋因名鬼橋王又問鬼中有出見人間輔朝政者乎曰有吉達者可翌日荊與俱見王賜爵執事果忠直無雙時角干林宗無子王命爲嗣林宗令吉達創樓門於興輪寺名吉達門一日達變狐而遁荊使鬼捕殺之自後其衆聞鼻荊名怖畏而走時人作詞曰聖帝魂生子鼻荊郎室亭飛馳諸鬼衆此處莫留停州俗至今帖此詞于門以辟鬼此東京豆豆里之始〇白雲梁亦在蚊川上〇上書莊在金鰲山北〇高麗太祖之興新羅崔

致遠知必受命上書有鷄林黃葉鵠嶺青松之語羅王聞而惡之致遠卽帶家隱居伽倻山海印寺終焉其鑑識之明羅人服之乃以其所居名上書莊○奉德寺鐘新羅惠恭王鑄鐘銅重十二萬斤撞之聲聞百餘里後寺淪於北川天順四年庚辰移懸于靈妙寺○翰林郞金弼奚鐘銘曰夫至道包含於形像之外視之不能見其原大音震動於天地之間聽之不能聞其響是故憑開假說觀三眞之奧載懸擧神鐘悟一乘之圓音夫其鐘也稽之佛生則驗在於罽膩尋之帝鄉則始制於皷延空而能鳴其響不竭重爲難轉其體不褰所以王者元功克銘其上羣生離苦亦在其中也伏惟聖德大王德共山河而幷峻名齊日月而高懸擧忠良而撫俗崇禮樂以觀風野務本農市無濫物時嫌金玉世尙文才不意子靈有心老誠四千餘年臨邦勤政一無干戈驚擾百姓所以四方隣國萬里歸賓惟有欽風之望未曾飛矢之窺燕秦用人齊晉替覇豈可並輪雙轡而言矣雙樹之期難測千秋之夜易長晏駕已來于今三十四也頃者孝嗣景德大王在世之日繼守丕業監撫庶機早隔慈規對星霜而起戀重違嚴訓臨闕殿以增悲追遠之情轉悽益魂之心更切敬捨銅一十二萬斤欲鑄大鐘一口立志未成奄爲就世今我聖上行合祖宗意符至理殊祥異於千古令德冠於當時六街龍雲蔭灑於玉階九天雷皷震響於金闕菓木之林離離乎外境非烟之色煥煥乎京師此卽投茲誕生之日應其臨政之時也仰惟大君恩若地平化黔黎於仁敎心如天鏡奬父子之孝誠是知朝於元舅之賢夕於忠臣之輔無言不擇何行有愆乃顧遺言遂成宿意爾其有司辦事工匠盡模歲次大淵月惟大呂是時日月借暉陰陽調氣風和天靜神器

化成狀如岳立聲若龍吟上徹於有頂之巔潛通於無底之下見之者稱奇聞之者受賜願玆妙因奉翊聆靈聽音聞之清響登無說之法筵契三明之勝心居一乘之眞境乃至瓊蔓之叢共金柯以永茂邦家之業將鐵圍而彌昌有情無識慧海同波咸出塵區並昇覺路臣弼奚文拙無才敢奉聖詔貸班超之筆隨陸佐之言述其願旨銘記于鍾也其詞曰紫極懸象黃輿啓方山河鎭別區宇分張東海之上衆仙所藏地居桃壑界接扶桑爰有我國合爲一鄕元元聖德曠代彌新妙妙清化遐邇克臻將恩被遠與物霑均茂矣千葉安平萬倫愁雲忽脫慧日無春恭恭孝嗣繼業千機治俗仍古移風豈違日思嚴訓常慕慈輝更以修福天鐘爲祈偉哉我后感德不輕寶瑞頻出靈符每生主賢天佐時泰國平追遠惟動隨所願成乃顧遺命于斯寫鍾神人奬力珍器形容震威暘谷清韻朔峯開見俱信芳緣允鍾能保魔鬼救之魚龍聞空神體方現聖蹤永是鴻福恒恒轉重○府尹芮椿年移置南門外構屋以懸凡徵軍及城門開閉時擊之○曇巖寺一云曇巖舊址在蛇陵南○天官寺在五陵東○金庾信爲兒時母夫人日加嚴訓不妄交遊一日偶宿女隷家母面敎之曰我已老日夜望汝成長立功名爲君親榮今乃爾與屠沽小兒遊戲淫房酒肆耶呼泣不已庾信卽於母前自誓不復過其門一日被酒還家馬遵舊路誤至娼家娼且欣且怨垂泣出迎庾信旣悟斬所乘馬棄鞍而返女作怨詞一曲傳之寺卽其家也天官其女號也○高麗李公升詩寺號天官昔有緣忽聞經始一凄然多情公子遊花下含怨佳人泣馬前紅鬣有情還識路蒼頭何罪謾加鞭惟餘一曲歌詞妙蟾兎同居萬古傳○皇龍寺在月城東今廢只有丈六像

○新羅眞平王命所司築新宮於月城東黃龍現其地王疑之改爲佛寺號曰黃龍高麗顯
宗撤朝遊宮以其材修寺塔學士胡宗朝乘使軺過寺兩花門見進士崔鴻賓留題云古樹
鳴朔吹微波漾殘暉徘徊想前事不覺淚沾衣胡瞿然驚曰眞不世才也及復命上問東都
遺事遂奏此詩○金克己詩五侯眈眈子當夏不受暑炎官恥失威陋屋煩遷怒焦心愁似
火爍體汗如雨願隨葉靜能飛入清虛府身騎靑瑤蟾手弄白玉兎可惜凡骨腥雲霄失歸
路不如叩幽人霱灑淸軟語曉起理枯藤來尋西社主蝸涎繞砌苔鳥哢侵雲樹殿閣誇壯
麗尋空欲飛去一室曼陁花繽紛落玉塵坐久黃金鴨沉烟橫篆縷活火試芳茶花甆浮白
乳香甛味尤永一啜空百慮暮色入平林長廊鳴法鼓才微萬象驕把筆吟尤苦○層梯繚
繞欲飛空萬水千山一望通身出盧敖登降外眼呑豎亥去來中星槎影落簷前雨月桂香
飄檻下風俯視東都何限戶蜂窠蟻穴轉溟濛〔新增〕景德王十三年鑄鐘長一丈三寸厚
九寸重四十九萬七千五百八十一斤俗傳今埋在寺基田畝間云○迦葉宴坐石在皇龍
寺石高可五六尺圍僅三肘俗傳迦葉宴坐石又有釋迦丈六像眞平王時所鑄黃鐵五萬
七千斤黃金三萬分後人讚宴坐石曰慧日沉輝不記年惟餘宴坐石依然桑田幾度成滄
海可惜巍然尙未遷讚丈六像曰塵方何處匪眞鄕香火因緣最我邦不是育王難下手月
城來訪舊行藏○四天王寺在狼山南麓〔新增〕新羅文武王十九年己卯成○奉聖寺在
府東四里〔新增〕新羅神文王五年乙酉成○永興寺在府城南○興輪寺在府南二里〔新
增〕新羅眞興王五年甲子成○神元寺在府南月南里○昌林寺金鼇山麓有新羅時宮

殿遺基後人即其地建此寺今廢有古碑無字元學士趙子昂昌林寺碑跋云右唐新羅僧金生所書其國昌林寺碑字畫深有典刑雖唐人名刻無以遠過之也古語云何地不生才信然○南山寺新羅人大世有方外志眞平王九年與僧淡水語曰在此新羅山谷之間以終一生則何異池魚籠鳥吾將乘桴泛海以至吳越追師訪道於名山若凡骨可換神仙可學則飄然乘風於泬寥之表此天下之奇遊壯觀也子能從我乎淡水不答大世退而適遇仇柒者耿介有奇節遂與之遊南山寺忽風雨落葉泛庭潦大世曰吾有與君西遊之志各取一葉爲之舟以觀其行之先後俄而大世之葉在前大世笑曰吾其行乎仇柒勃然曰予亦男兒也豈獨不然乎遂相與爲友自南海乘舟而去後不知其所往○朱巖寺持麥石金克己詩序下枝山俗號富山山之陽有寺曰朱巖寺北有臺巖巉絶奇秀臨遠山望遙海若駕鶴上漢下視萬像臺石之西有持麥石四方削成若不可陟而上其上平坦可坐百人昔大舒發金公庾信持麥於此以供酒材燕饗軍吏之地也至今馬迹存焉自持麥巖西行八九步有朱巖昔道人得神衆三味嘗自勵云苟非宮人不足動心神衆聞之往竊宮人騰虛而去晨往夕還未嘗愆期宮人恐懼白於王王命宮人凡所歸宿以丹砂誌之仍命甲士物色求之內自城市遠至高山窮谷幽絶之處不可得也忽至此巖見有丹痕留在巖戶而衲衣老僧宴坐其內王怒其妖惑遣猛士數千人欲兵之僧冥心閉目一念神呪陰兵數萬連亘山谷若世所畫神象者王卒恐懼伏地不能進而還王知其異人迎入大內拜爲國師其妖遂絶云其詩曰迢迢雲際寺異境隔塵凡鳥道彎青漢蜂臺駕碧巖地靈潛洞壑天籟颭

篙杉縱望襟懷曠飄如馬脫銜○兀兀千仞岡巖巖一株石巉絕四方險上頭平似席想像舒發公令人此持麥日夕犒軍吏熊羆爭奮力仗鉞頻出征王師竟無敵守之若山峙攻之如電擊三韓爲一家茂烈勒金冊英魄今安在綠苔沒馬跡我來偶探奇登覽懷古昔不必親執鞭餘威凜如昨素月彎角弓青雲捲油幕谷饒大人虎林是君子鶴鷲雷裂巖嶂髣髴來鼓鐸嗟予墮家聲齷齪攻翰墨半生登一第雙鬢已衰白侯王安可期已分臥林壑但願借餘勇詞場長逐北○坤元寺北淵在神元寺南二里高麗鄭仲夫之亂毅宗遜于巨濟東北面兵馬使諫議大夫金甫當起兵欲討賊臣復立前王使張純錫等奉前王出居是州李義旼等入城出前王至坤元寺北淵上弑之裹以褥合兩釜投淵中寺僧有善泅者取釜棄屍屍出水涘有日烏鳶不敢傷前副戶長弼仁等密具棺奉瘞水濱○王家藪在府南十五里州人祀木郞之地木郞俗稱豆豆里自鼻荊之後俗事豆豆里甚盛高宗十八年蒙古元帥撒禮塔來討箸古與之死東京馳奏有木郞言我已到敵營元帥某某人也我等五人欲與交戰期以十月十八日若送兵鞍馬我等便當報捷因以詩寄崔瑀曰壽夭災祥非一貫人人居此未曾知除災致福是難事天上人間捨我誰瑀信之私備畵韂鞍馬遣內侍金之蕭送之其後無驗○臨關郡在府東四十五里聖德王時築城於毛火郡以遮日本賊路景德王改稱臨關高麗時合屬于州石城遺址尙存人謂之關門○商城郡本西兄山郡○東安郡本生西郞郡○音汁火縣新羅婆娑王取音汁伐國置音汁火縣後合屬於安康縣新羅多稱火火乃弗之轉弗乃伐之轉○約章縣本惡支縣○東畿停本毛只停○金富軾云羅

人謂營爲停乃屯營之地○南畿停本根乃停○西畿停本豆良彌知停○李詹云今密陽府豆也保部曲卽其地良與也彌知與保方言相近詹言恐是○北畿停本雨谷停○莫耶停本官阿良支停一云北河良○省法伊部曲法一作仍在府北七十里○八助部曲在府東六十五里○大庵部曲○大昌部曲在府西七十里○南安谷部曲在府西六十里○根谷部曲在安康縣西南五里○桃界部曲○虎鳴部曲在安康縣東南七里○虎村部曲在神光縣東南五里○下西知木柵在府東六十里內有一池二井 以上出輿地勝覽而間補其遺〔新增〕 梅月堂在金鰲山金時習棲息之處遺址尚在階下有北向花○金時習詩矮屋靑氈暖有餘滿窓梅影月明初挑燈永夜焚香坐閑著人間不見書玉堂揮翰已無心端坐松窓夜正深香揷銅瓶烏几靜風流奇話細搜尋○産兒堂在金鰲山鑿石如産兒狀俗傳新羅時求嗣祈福之處有剪刀痕○碁巖在金鰲山刻石如碁局狀俗傳新羅時仙人局戲之處○琵琶巖在金鰲山有石橫在巖頭如琵琶狀○布飛巖在金鰲山有石如經緯狀俗傳新羅時仙人經緯之處○雨徵洞在府西四十里洞中五里許有巖屹立高百餘尺其南北分坼南巖銘字數行歲久苔蝕字不可曉北巖四方屛立不能陟巖面刻七像甚大長丈餘俗傳僧像巖或云上人巖○幞頭巖在府西三十里富山城之東角有石突然如幞頭狀故名或云將軍石石之南有一庵亦號幞頭庵今廢巖之南十步許有一石名曰仙人臺其上平坦可坐十餘人○玉洞在安康縣南十五里俗傳玉出是洞故名一云新羅時獄在是洞故亦名獄洞至今訟于官者過此洞雖喘渴忌飮洞水○孝子里在府南五里沙正里

新羅時人孫時揚事其父允伯至孝後人因名所居爲孝子里其碑尙存而字刓不能曉○火珠芬皇寺九層塔新羅三寶之一也壬辰之亂賊毁其半後有愚僧欲改築之又毁其半得一珠形如碁子光似水精擧而燭之則洞見其外太陽照處以綿近之則火發燃綿今藏在栢栗寺○石槽長七尺二寸廣三尺五寸興輪寺故物也府尹李必榮使人曳入琴鶴軒北庭以種白蓮刻而識之也○相思巖在金鰲山上其大百餘圍截然屹立不可攀躋俗傳祟相思疾者禱此巖有驗云○哀公寺在府西十里羅時所創其下防梁作水田俗號哀公梁○北楡寺在府南三十里今爲閭閻俗號楡谷石塔猶在○虎願寺在府西川邊新羅金現所創 事見異聞 ○左右倉在南山城內新羅文武王三年癸亥作長倉於此至今礎石宛然○達川倉在府西三十里遺趾尙存○雪倉在安康縣東八里良佐村後山上遺址尙在亦有廢井非極旱不涸

藪

裨補藪在府城中府尹衙舍北○始林在府東南五里月城西○南亭藪一在蚊川北一在蚊川南南藪卽五陵也北藪今廢○五里藪在府東八里東川邊延袤五里故名○閑地藪在府東八里卽閑地原也舊有藪中廢今年沙里驛撤移之後依前種樹以爲後日成藪之地未知有能繼此不替者否耶○林井藪在府東北五里栢栗寺西○高陽藪在府北四里卽古所謂論虎藪也今則俗稱高陽藪古與林井藪相連今爲奸民割耕之田分而爲二右

各藪古來種樹成林意非偶然于今斬伐殆盡耕墾殆遍可勝惜哉法典裨補所林藪內伐木耕田者杖八十追利沒官爲守令者不可不知也

戶口

新羅全盛時京中一千三百六十坊十七萬八千九百三十六戶本府卽今人戶一萬六千二百四十四人口五萬四千九百五十六 戶口逐年增損本無定數故姑錄己酉見戶

軍額

別隊四百九十束伍一千五百七十

田結

甲戌量案元田畓一萬八千五百三十九結三負九束慈仁分縣後二千二百四十三結七十八負七束移屬慈仁縣因存田結一萬六千二百九十五結二十五負二束○出稅田畓八千六百二十六結七十負六束○癸巳仇史縣移屬慈仁後田結五百九十一結九十九負九束移屬慈仁縣○己酉元田畓一萬五千七百三結二十五負二束○出稅田畓九千六百二十七結八十四負九束 田結逐年贏縮本無定規故姑錄己酉詳定之數

堤堰

西面大谷堤在大谷村府西距二十五里水田落種九石○蜜耳堤在蜜耳村府西距三十

里水田落種三十二石〇開吾谷堤在開吾谷里府西距四十里水田落種十七石〇浮雲堤在浮雲里府西距四十里水田落種二十七石〇女妓堤在阿火驛北府西距四十五里水田落種十八石〇阿火末堤在阿火驛南府西距四十五里水田落種十八石〇於火堤在泉村府西距四十五里水田落種十七石〇奉德堤在道音谷村府西距四十五里水田落種十八石〇刀堤在富山里府西距三十里水田落種五石〇毛吉堤在新坪村府西距三十五里水田落種二十石〇釜洞堤在道音谷烽燧下府西距三十五里水田落種二十一石〇鵾梯堤在阿火驛府西距四十里水田落種十九石〇能川堤在能川村府西距四十五里水田落種十五石〇富山內堤在富山里府西距三十里水田落種五十二石〇新堤在道音谷村府西距四十五里水田落種二十五石〇北面僧三內堤在僧三村東府北距十五里今廢〇末承內堤在勿川府北距三十里今廢〇分皇堤在葛谷府北距三十里水田落種十八石〇羅里堤在羅里村北府北距二十五里水田落種三十五石〇金光內堤在見谷府北距十五里水田落種三十四石〇金光外堤在見谷府北距十五里水田落種二百十七石〇東山堤在東山洞村府北距三十五里水田落種三十九石〇所里堤在葛谷里府北距二十五里水田落種三十五石〇所叱方堤在甲山北麓府北距四十里水田落種二十五石〇安康刀馬堤在洪川里西府北距六十里水田落種七石〇洪川堤在洪川里府北距五十里水田落種二十七石〇甲山堤在甲山里府北距四十里水田落種三十石〇得良堤在陵洞里府北距五十五里水田落種五十石〇六通堤在六通里府北

距五十五里水田落種四十五石〇排溪堤在魯堂里府北距五十五里今廢〇雪理堤在安康府北距五十五里今廢〇大洞堤在大洞里府北距三十五里水田落種四十石〇定惠堤在玉山東南三里府北距五十五里水田落種四十石〇引自火堤在引自火里府北距四十五里水田落種二十九石〇神光吾也知堤在知德里府北距八十里府水田落種三十五石〇大堤在神光縣內府北距八十里水田落種五十五石〇竹洞堤在竹洞里府北距八十里水田落種五十六石〇杷溪安心新堤在駕川府北距九十里水田落種十七石〇伐致洞堤在伐致洞村府北距八十里水田落種二十石〇南面金光堤在月南里府南距十里水田落種二十九石〇頭應洞堤在頭應洞里府南距二十里水田落種九十三石〇二堤在頭應洞堤下府南距二十里水田落種一百三石〇吾背洞堤在藪可馬洞府南距三十五里水田落種二十五石〇蘇山堤在仇良火村府南距八十里水田落種二十七石〇才良堤在才良村府南距三十里水田落種三十二石〇北安谷柳等谷新堤在柳等谷村府西距七十里水田落種七十石〇新院堤在新院府西距六十里水田落種二十五石〇新堤在柳等谷村府西距六十里水田落種九十二石〇大釜堤在楮硯府西距六十里水田落種七石〇小釜堤在楮硯府西距六十里水田落種五石〇古龍堤在倉巖外府北距六十五里水田落種六石〇黃巖防堤在柳等谷村府西距六十里水田落種十三石〇玉浦院外堤在柳等谷村府西距六十里水田落種六十二石〇內堤在柳等谷村府西距六十里水田落種七石〇新堤在楮硯府西距六十里水田落種六石〇新小堤在柳

等谷村府西距六十里水田落種十二石○五里堤在五里洞府西距六十里水田落種二十五石○外堤在半亭府西距六十里水田落種十一石○東面五里堤在末方村府東距四十里水田落種九石○長古堤在輪火里府東距四十里水田落種十三石○大鳥堤在開伊洞陵旨村府東距四十里水田落種十七石○長山堤在開伊洞陵旨村府東距三十五里水田落種十七石○影堤在防禦旨里府東距三十里水田落種二十三石佛國寺相距十里許而寺之後山樹木及佛宇丹雘無不照暎故名○許永堤在仇賊里府東距三十里水田落種七石○朝驛堤在朝驛府東距三十里水田落種八十五石○吐上堤在吐上村府東距四十里水田落種九十七石○筍堤在防禦旨里府東距三十里水田落種十七石○伏頭堤在朝驛府東距三十里水田落種十九石○風登堤在阿倍洞府東距二十五里水田落種十八石○堂祀堤在仇賊里府東距三十五里水田落種二十二石○釜堤在坪里府東距二十里水田落種十九石○筍堤在於伊洞府東距二十里水田落種五十三石○書出堤在金鰲山東麓府東距十五里水田落種十七石○山底堤在普門坪府東距十里水田落種五石○大枝堤在開伊洞府東距四十里水田落種一百石○德方堤在仇於驛府東距五十里水田落種一百石○沙斤橋新堤在石乙只村府東距四十五里水田落種十五石○排堤在五琴村府北距四十里水田落種十四石○(廢堤)西面奉城堤小山堤光地堤○邑內瓦臥堤排班堤○南面巨勿洞堤南宜一堤墨匠堤月南小堤○川北毛莊堤武科堤僧三外堤末承外堤○安康莘洞堤仇之一堤金城堤草堤○神光輪火乃

堤新堤雙溪堤〇北安谷赤池堤阡臥堤亮移堤鉢山堤〇杞溪勿豆只堤古通谷堤

各坊

邑內六坊左右道〇皇五里〇城南〇城內〇沙正〇皇南以上六坊檢督官一人有司一人勸農各一人〇東面路東三坊自沙里至陵旨爲內坊自道音方洞至下薪爲外坊自掛陵至龍加山爲賓子〇路西二坊自入谷至仇於驛爲一坊自沙日至冷川爲一坊以上東面檢督官一人路東路西有司各一人每坊勸農各一人〇東海邊二坊自甘浦至仇之爲一坊自乃兒至利見臺爲一坊以上檢督官一人倉監官例兼有司二人勸農二人〇南面路東二坊自月南至花谷爲一坊自臥旨至朴達爲一坊〇路西二坊自非乙只至所也爲一坊自仍甫至次洞爲一坊以上南面檢督官一人路東路西有司各一人每坊勸農各一人〇西面路東二坊自大谷至浮雲爲一坊自裙谷至沙火郞爲一坊〇路西二坊自古川至新坪爲一坊自刀音谷至義谷爲一坊以上西面檢督官一人路東路西有司各一人每坊勸農各一人〇川北二坊自高陽至毛兒爲一坊自金藏臺至見谷爲一坊以上檢督官一人有司一人每坊勸農各一人〇安康縣江東三坊自毛西坪至虎鳴爲一坊自五琴至有今爲一坊自良佐洞至多叱村爲一坊〇江西三坊自士坊至甲山爲一坊自根谷至玉山爲一坊自山臺坊至沙里洞爲一坊以上安康縣座首一人倉監官例兼兼察江東西別監二人檢督官二人別監例兼又有有司二人分掌江東西每坊勸農各一人〇神光縣合

爲一坊座首一人倉監官例兼別監一人檢督官一人別監例兼有司勸農各一人○杞溪縣三坊自縣內至介洞爲一坊自臥邑旨至只擧谷爲一坊自古通谷至大寺洞爲一坊以上座首一人倉監官例兼別監一人檢督官一人別監例兼有司一人每坊勸農各一人○竹長縣合爲一坊座首一人倉監官例兼檢督官一人座首例兼有司勸農各一人○北安谷縣二坊自縣內至天境爲一坊自大昌至楮硯爲一坊以上座首一人別監一人檢督官一人座首例兼有司一人每坊勸農各一人

各同

嶺南諸邑年分書員所掌之界限謂之同

自南門外路東至排班爲府東初

自東方洞至上薪里爲二同初

自陵旨至輪火里爲二同二

自入谷至仇於驛爲三同初

自寒川至南山新里爲三同二

自長鬐地境至凡谷里爲東海邊四同初

自利見臺至二十乃里爲四同二

自乃兒里至月乃洞爲五同

自南門外路西至茸長里爲府南初

自犬墳路西至草洞爲二同初
自非乙只至守中乃爲二同二
自錢邑至彥陽界爲二同三
自馬等烏至天龍寺爲三同
自北門外至蜜耳爲府西初
自浮雲至道叱洞爲二同初
自古川至道音谷爲二同二
自道音谷至甘存爲三同
自東川至勿川里爲府北初
自葛谷至鍪藏爲二同初
自金藏臺至西風亭爲二同二
自引自火至重明洞爲安康東初
自毛兒至士坊爲南二同
自虎鳴至大洞爲南初
自根各至豆里洞爲西初
自山臺坊至魯堂爲北初
自良佐洞至多叱村爲北二同

自神光縣內至厤助爲一同
自杞溪縣內至尺峴爲東初
自禾尾末至駕川爲南西面
自芝歌谷至大寺洞爲北面
自竹長縣上甘谷至下甘谷爲一同
自北安谷五里洞至水城洞爲初同
自楮硯至大昌爲二同 以上三十三同

名宦

〔高麗〕魏英太祖十八年十二月新羅敬順王來降以國爲慶州仍爲食邑以魏英爲州長○鄭克永仁宗朝留守○崔顥靖宗時爲副留守與判官羅旨說司錄尹廉掌書記鄭公翰等刻前後漢書唐書以進各賜職賞○蔡靖爲掌書記有淸德其後東京與永州作亂朝廷議遣安撫使難其人聞東京人思靖不已乃拜靖留守副使單騎之任東京人聞其至反側悉安○嚴守安爲判官元宗自元請兵而來將復古都林惟茂欲拒之令夜別抄諭人民入保海島山城別抄九人至金州守安告按廉崔儒曰不可聽權臣之言輕動百姓宜執別抄待變儒從之囚別抄未幾惟茂誅一方晏然及三別抄叛據珍島傳檄州縣令民皆入珍島又聲言囚別抄者罪之金州守李柱懼而逃守安權知州事慰安民心密城人殺其宰以叛

按廉李淑眞聞變奔金州賊搜不獲守安與金州守金晅謀勒兵挾淑眞爲討賊計賊聞之斬其魁以降○權晅爲留守舊有一庫賦民綾羅貯之名甲坊充貢獻贏餘甚多皆爲留守所私晅撤甲坊以一年所收支三年貢司戶有盜民租者碎其腦于庭觀者股慄忠烈初徵拜典理摠郞○崔誠之爲管記○安裕爲留守○安碩恭愍王時拜政堂文學自謂知遇知無不言上以爲闊於事情碩乃以母老請郡出尹鷄林謚文敬○尹宣佐初爲漢陽尹王謂左右曰尹尹淸儉故使牧民後王親注守令至鷄林尹輟筆思曰朝臣盈庭無如尹尹卽注之○田祿生爲判官李益齋詩田郞作倅吾鷄林父老至今懷淸德○李茂芳恭愍朝爲府尹初歲大饑及茂芳至適歲稔茂芳因民之便販魚鹽置義倉以備賑貸○李成功爲留守○禹仁烈爲府尹○鄭世雲爲留守○柳淑爲留守○崔瑩○裴天慶俱爲府尹○羅益禧爲府尹廉勤慈惠南方稱頌之○安輔○趙云仡俱爲府尹○〔本朝〕高居正○咸傅霖○權克和○柳觀○李好誠○金淡○崔善復○柳規○李約東俱爲府尹○趙達生爲判官○梁順石興學愛民○李世弼○崔應賢務興學校○許誠爲政淸簡○黃孟獻俱爲府尹以上出輿地勝覽〔新增〕府尹李賢輔號聾巖有政績立碑頌德而經亂失碑○柳智善有善政碑○李夢弼有善政碑○李楨號龜巖不動聲色而民自化以興學立校爲第一務創立西岳書院士民愈久不忘立碑頌德○李玄培有善政碑○具思孟號八谷有治績○黃允吉見海東名臣錄○李時發有善政碑○李時彥有善政碑○李安訥有淸德碑○權怗卒于官有淸德善政碑○呂祐吉有淸德碑○尹穀立有善政碑○全湜號沙西以學識稱

有遺愛碑〇閔機有淸德碑〇朴遾有遺愛碑〇嚴鼎耇有善政碑立於三處〇方瑋爲判官有淸德立碑

人物

〔新羅〕勿稽子柰解王時人骨浦柒浦古浦三國攻新羅竭火城王率兵救之大破其師勿稽子斬獲數十餘級及其論功又不見錄乃語妻曰爲臣之道見危則致命臨亂則忘身前日浦上竭火之役可謂危且難矣而不能以致命忘身聞於人不忠也旣以不忠而仕君累及於先人可謂孝乎旣失忠孝將何面立朝乎遂携琴入師彘山不返〇昔于老柰解王之子訖解王之父助賁王時爲大將軍伐甘文國以其地爲郡縣沾解王朝沙伐國背附百濟于老將兵討滅之後對倭使嫚言曰早晩以汝王爲鹽奴王妃爲爨婦倭王怒遣兵來討執于老燒殺之味鄒王時倭大臣來聘于老妻請於王私饗之及醉使壯士曳下庭焚之以報前怨〇朴堤上婆娑王五世孫仕爲歃良州（今梁山）干初訥祗王弟卜好質于麗味斯欣質于倭王憂之堤上往高麗迎卜好還又詐爲叛者浮海入倭國竊遣欣還倭王怒詰之對曰欲成吾君之志耳倭王曰汝言鷄林臣則必具五刑若言倭國臣者必賞重祿對曰寧爲鷄林之犬豚不爲倭國之臣子倭王剝堤上脚刈蒹葭使趨其上問曰何國臣乎曰鷄林臣又使立於熱鐵上問曰何國臣乎曰鷄林臣終不屈遂燒殺木島中王聞而慟之贈大阿飡使欣娶堤上女爲妻〇百結先生慈悲王時人家極貧衣百結因號之常以琴自隨凡喜怒悲

歎必於琴宣之歲將暮隣里舂粟其妻聞杵聲曰人皆舂粟我獨無何以卒歲先生歎曰死生有命富貴在天汝何傷乎乃皷琴作杵聲以慰之世傳以爲碓樂○異斯夫柰勿王四世孫智證王時爲沿邊官以馬戲取伽倻國後爲阿瑟羅州軍主謂于山今鬱陵島人愚悍難以威來可以計服乃以木多造獅子形分載戰船抵其島誑之曰汝若不服卽放此獸踏殺之國人懼乃降○斯多含柰勿王七世孫風標淸秀志氣方正時人請奉爲花郞其徒幾千人眞興王命異斯夫伐伽倻國多含請從軍遂滅其國王策功賜伽倻人口多含受已皆放又賜田園辭王强之請受閼川不毛之地○劒君大舍仇文之子爲沙梁宮舍人時値年饑民賣子而食宮中諸舍人盜唱翳倉穀分之劒君獨不受舍人等懼漏洩密置毒於食而殺之○居柒夫柰勿王五世孫少跅弛有遠志祝髮爲僧入高句麗境謁僧惠亮亮握手密言曰汝燕頷虎視將來必爲將帥此國雖小不可謂無知人恐子見執宜疾歸柒夫還國眞興王朝王命柒夫等八將軍侵高句麗取竹嶺以外十郡亮出謁於道同載以歸官至上大等○實兮大舍純德之子性剛直守正不苟嬖人珍提屢譖於王謫官冷林或謂曰君自祖考以忠誠聞於時今爲佞臣之毀遠宦竹嶺之外何不直言自辨實兮答曰昔屈原孤直見擯自古而然何足悲乎遂不言而往作長歌以見意○金后稷眞平王時人王好田獵后稷切諫不聽將死語其子曰我爲人臣不能匡救君惡我死須瘞於王遊田路側其子從之他日王出田中路有聲若曰王毋去者王傾問之從者曰金后稷墓也遂陳臨死之言王潸然出涕終身不復田獵人謂之墓諫也○奚論牟梁人也其父讚德有勇志英節名高一時眞平

王選爲椵岑城令百濟大發兵來攻讚德謂士卒曰與其無義而生不若有義而死乃激昂奮勵且戰且守糧盡水渴猶食屍飮尿力戰不怠城將破仰天大呼曰吾王委我以一城而不能全願死爲大癘喫盡百濟人以復此城遂攘臂瞋目走觸槐樹而死奚論年二十餘以父功爲大柰麻其後王命奚論爲金山幢主與漢山州都督邊品襲椵岑城取之百濟聞之擧兵來奚論等逆之兵旣相交奚論謂諸將曰昔吾父殞身於此我今亦與百濟人戰於此是我死日也遂以短兵赴敵殺數人而死王聞之流涕時人無不哀悼爲作長歌吊之○訥催大柰麻都水之子百濟兵來攻烽岑旗懸穴柵三城訥催固守待救兵不至慷慨流涕謂士卒曰今孤城無援日益阽危此誠志士盡節之秋人皆殊死戰及城陷訥催死王聞之悲慟追贈級湌○温君解眞德王六年武烈王以伊湌入唐還至海上遇高句麗邏兵從者温君解高冠大衣坐於船上邏兵以爲武烈殺之武烈乘小船得免王贈君解大阿湌優賞子孫○金仁問字仁壽武烈王弟二子多讀儒書兼涉老莊浮屠之說又善隷書射御年二十三入唐宿衛官至輔國大將軍上柱國臨海郡開國公則天時卒令大醫署令陸元景等押送靈柩孝昭王追贈大角干○官昌將軍品日之子少爲花郞善與人交太宗王時出師與唐兵攻百濟昌爲副將至黃山之野品日謂曰爾雖幼有志氣今日是立功名之秋昌曰唯卽上馬橫槍直擣敵陣殺數人爲濟人所虜生致之元帥階伯階伯俾脫冑愛其少且勇不忍殺之嘆曰新羅多奇士果然乃縱之昌曰向吾入賊陣不能斬將搴旗深所恨也掬井水飮訖再突陣階伯擒斬之繫首於馬鞍送之品日以袖拭血曰吾兒面目如生能死於王事

矣三軍見之慷慨皷譟進擊濟兵大敗之王贈級飡以禮葬之○李詹辨曰乙丑冬客于鷄林府尹裴公設鄉樂以勞之有假面童子舞劒於庭問之云羅代有黃昌者年可十五六歲善舞此謁於王曰臣願爲王擊百濟王以報王之仇王許之則往舞於通衢國人觀者如堵王聞召至宮中使舞而觀之昌擊王於座殺之遂爲左右所害母聞號哭遂喪明人有爲其母謀還明者令人劒舞於庭紿之曰昌來舞矣前言誣耳母喜泣之卽還明以昌幼而能死事故載之鄉樂流傳云余嘗觀三國史矣凡職官除拜隣境侵伐率皆書之以至日星雷雨之變草木禽獸之妖無不紀焉國君而見害於敵國之竪童子而報仇於敵國之君皆非細事也兩國之史不載固可疑也惟列傳載官昌事首末其忠義藹然讀之令人悲惋此必官昌也傳者誤耳凡謀變於敵國者或假行商或僞得罪誣以甘言佞辭或情見事洩其不濟者多矣濟旣與羅爲敵國昌不應公然持兵往於通衢大道之中若果如是濟人得昌將具刑以訊之矣豈使縱之逞奸於王庭乎此人情事理之不通者也吾求古人之可擬官昌者幷論春秋哀公十一年汪錡爲公爲之乘偕死於國書之難孔子曰能執干戈以衛社稷可無殤也夫死義成仁者固難矣童子而敢爲者獨見汪錡與昌耳議論謬誤不可不辨爲見舞昌者辨之且別爲讀史者爲考異云○金歆運柰密王八世孫也太宗王憤麗濟侵軼謀伐之以歆運爲郞幢大監於是抵百濟地進攻助川城濟人來襲飛矢雨集歆運橫馬握槊待之或曰賊起暗中咫尺不辨雖死無知者况公新羅貴骨若死賊手敵之所幸我之所耻歆運曰大丈夫旣以身許國何計人之知不知哉從者控馬勸避歆運以劒揮之遂突陣格

殺數人而死時人爲作陽山歌以傷之○匹夫沙梁人也太宗王以匹夫爲七重城縣令明年高句麗來圍匹夫且守且戰者二旬麗兵欲引還逆臣比歃密以城內食盡告敵敵遂復戰匹夫知之斬比歃投之城外令軍士曰忠臣義士死且不屈勉哉城之存亡在此一戰奮拳一呼病者皆起爭先赴敵敵乘風縱火攻城突入匹夫向敵對射矢集其身如蝟血流至踵乃仆而死○薛罽頭武德四年隨海船入唐會太宗征高句麗罽頭自薦爲左武衛果毅至遼東與麗人戰于駐蹕山下力鬪而死帝脫御衣覆其尸授職大將軍以禮葬之○金大問嘗爲漢山州都督嘗著高僧傳花郎世記樂本漢山記若干卷○薛聰字聰智元曉之子生而明銳旣長博學善屬文能書以方言解九經義訓導後生又以俚語製吏札行於官府神文王嘗燕居引聰謂曰今日宿雨初歇薰風微凉高談善謔可以舒鬱子必有異聞盍爲我陳之聰曰唯臣聞昔花王之始來也植之香園護以翠幕當三春而發艷凌百花而獨出於是艷艷之靈夭夭之英無不奔走上謁忽有一佳人名曰薔薇朱顏玉齒鮮粧靚服伶俜而來綽約而前曰妾聞王之令德願薦枕於香帷王其容我乎又有一丈夫名曰白頭翁布衣韋帶戴白持杖龍鍾而步傴僂而來曰僕在京城之外居大道之傍竊謂左右供給膏粱雖足巾衍儲藏須有良藥故曰雖有絲麻無棄菅蒯不識王亦有意乎王曰丈夫之言亦有道理而佳人難得將如之何丈夫曰凡爲君者莫不親近老成而興昵比夭艷而亾然而夭艷易合老成難親是以夏姬亡陳西施滅吳孟軻不遇以終身馮唐郞潛而皓首自古如此吾其奈何花王謝曰吾過矣於是王愀然作色曰子之言諷諭深切請書之以爲戒官至翰

林高麗顯宗時贈弘儒侯從祀文廟○祿眞吉飡秀奉之子昭聖王十二年上大等忠恭坐政事堂注擬內外官請托坌至忠恭莫能舉措感疾而退召醫診之曰病在心臟須服龍齒湯遂杜門不接賓客執事侍郎祿眞請見門者拒之祿眞曰下官非不知相公謝客願獻一言以開鬱悒之懷耳不見不退也門者三復乃見祿眞曰伏聞氣體不調得非早朝晚罷蒙犯霧露傷榮衛之和失支體之安乎曰未也祿眞曰然則公之病不須砭石可一言理之忠恭曰可得聞乎祿眞曰彼梓人之作室也材大者爲梁柱小者爲椽榱偃者植者各安所施然後大廈成焉宰相之爲政也亦然才巨者置高位小者授下官內則六官百執事外則方伯郡守朝無闕位皆得其人然後王政成焉今則不然循私而滅公爲人而擇官愛之雖不才必進憎之雖有能必斥取舍勞其心是非亂其志不獨害於國事爲之者亦病矣若其當官清白莅事恪恭杜貨賂之門絶請托之路黜陟必以幽明予奪不以愛憎如衡焉不可枉以輕重如繩焉不可欺以曲直如是則刑政允穆國家和平雖日開公孫之閤置曹參之酒與朋友故舊談笑自樂可也又何必區區於服餌之間徒自費日廢事爲哉忠恭悅謝醫朝王王曰謂卿剋日服藥何遽來朝對曰臣聞祿眞之言同於藥石豈止飲龍齒湯而已哉因爲王陳之王曰寡人爲君卿爲相而有人如此不可使儲君不知也太子入賀曰臣聞君明則臣直此亦國家之美事也○金陽太宗王九世孫興德王薨無嗣王之堂弟均貞與堂弟之子悌隆爭立陽奉均貞爲王入積板宮悌隆之黨金明等來圍之殺均貞陽號天誓心及金明弑悌隆自立陽募集兵士入清海鎭見均貞之子祐徵祐徵與謀舉事討金明殺之奉

迎祐徵卽位是爲神武王陽官至侍中卒追贈舒發翰其贈賻斂葬一依金庾信舊例陪葬太宗王陵○崔致遠字孤雲美風儀少精敏入唐學問無怠一舉及第黃巢之亂高駢爲諸道兵馬都統辟爲從事委以書記表狀書啓徵兵告檄皆出其手高麗顯宗時贈內史令文昌侯從祀孔子廟庭新唐書藝文志載崔致遠四六集一卷桂苑筆耕二十卷又有崔氏文集三十卷致遠年二十八歲有歸寧之志唐僖宗知之授詔書以來留爲侍讀兼翰林學士守兵部侍郞知瑞書監事致遠自西仕大唐東歸故國皆遭亂世迍邅蹇連動輒得咎自傷不遇無復仕進意逍遙自放山林之下江海之濱營臺榭植松竹枕藉書史嘯咏風月若慶州南山剛州冰山陜川淸涼寺及智異山雙溪寺合浦縣別墅皆遊覽之所也後帶家隱伽倻山海印寺與母兄浮圖賢俊及定玄師結爲道友棲遲偃仰以終老焉以上出輿地勝覽而更考諸史隨其世代改其次序仍加增補〔高麗〕裴玄慶初名白玉膽力過人太祖征討四方玄慶功居多累進大匡疾篤太祖幸其第執手問疾出門而卒謚武烈○崔彥撝羅季人性寬厚能文年十八遊學入唐及第四十二東還太祖開國命爲太子師傅委以文翰之任一時貴遊皆師事之官至大相謚文英○東京老人史失其名新羅敬順王降高麗隱居不從高麗成宗幸東京勑有司搜訪隱滯丘園者又勑旌忠臣孝子老人作詩二篇獻內相王融云九天光動轉星辰日旆龍旗并海巡黃葉鷄林曾索寞烟花今復上園春又閭閻光彩旌忠孝丘壑喧傳訪隱淪縱昔未隨周老往幸今親覩漢儀新○崔承老性聰敏好學善屬文年十二太祖召見甚嘉之命隸元鳳省學生賜鞍馬例食二十石自是委文柄成宗朝

爲正匡歷門下侍郎平章事拜門下侍中封淸河侯謚文貞配享成宗廟庭○崔亮性寬厚善屬文成宗在潛邸引爲師友及卽位遂加擢用甚協人望官至內史門下平章事謚匡彬配享成宗廟庭○崔沆彥撝之孫登甲科遷內史舍人穆宗倚以爲重政無大小必與圖議金致陽謀不軌與蔡忠順等定策迎立顯宗歷政堂文學吏部尙書拜門下平章事賜推忠盡節衛社功臣號淸河縣開國子食邑五百戶又加守正功臣號謚節義配享顯宗廟庭○李周佐穆宗朝登第官至刑曹尙書判御史臺事立朝四十餘年有大臣之體○崔齊顏承老之孫事顯德靖文四朝官至太師門下侍郎謚順恭配享文宗廟庭○金富佾其先新羅宗姓少力學登第直翰林院仁宗朝官至檢校太保守太尉門下侍郎同中書門下平章事判尙書禮部事上柱國不事生産文章華贍凡辭命必命潤色謚文簡與其弟富儀富軾皆爲文翰侍從封其母大夫人歲賜廩粟○金富儀肅宗二年登第累遷直翰林院仁宗朝守司空尙書左僕射政堂文學判尙書禮部事監修國史柱國謚文懿○金富軾肅宗朝登第直翰林院歷右司諫仁宗卽位以李資謙國舅禮數不可與百官同衆議雷同富軾獨曰王庭正君臣之禮私覿全父子之親詔可妙淸與趙匡柳旵等據西京反富軾爲元帥平西都拜輸忠定難靖國功臣檢校太保守太尉門下侍中判尙書吏部事監修國史上柱國毅宗卽位封樂浪郡開國侯食邑一千戶卒年七十七謚文烈爲人豐貌碩體面黑目露以文章名世宋使路允廸來富軾爲館伴其介徐兢見富軾善屬文通古今樂其爲人著高麗圖經載富軾世家又圖形以歸奏于帝乃詔司局鏤板以廣其傳由是名聞天下後奉使如宋所

至待以禮三掌禮闈以得士稱有文集二十卷○金漢忠新羅大輔閼智之後少雄偉力學登第睿宗朝命尹瓘伐女眞漢忠爲中軍兵馬使力戰有功官至尙書右僕射○金因渭金傅之後官至平章事○金景庸容儀偉麗有貴介風彩以閤門祗候出爲廣州判官爲政不苛仕肅睿兩朝歷兵戶工三部尙書門下平章事陞門下侍中上柱國加協謀衛社致理功臣判尙書吏刑部事樂浪郡開國伯食邑七百戶○金仁揆中第歷左承宣左諫議大夫睿宗朝進知奏事累遷至守太尉平章事○盧永淳杞溪人毅宗朝春州道寇賊興行王遣永淳討平之官至平章事謚懿貞○金君綏富軾之子明宗朝擢魁科直翰林院拜左諫議大夫代趙冲爲西北面兵馬使以淸白愛民稱後斬叛臣韓恂多智函首送京兵馬使金就礪嫌其不先報己遂流君綏漢南時人寃之○金仁鏡初名良鏡才識精敏善隸書明宗時中第從趙冲討契丹兵于江東城有功歷中書侍郞平章事仁鏡文武吏才俱贍天資淸婉無一點塵累自郞署至于相府高文大册皆出其手王公妾婦以至牛童馬走無不知其名謚貞肅○崔汝諧性寬厚登第輔蔚州通判初明宗爲翼陽公汝諧爲其府典籤一日夢太祖授笏於明宗明宗受之坐御床汝諧與百僚賀覺而奇之以告明宗及卽位汝諧賫表至京因宦官以奏王始驚曰崔典籤來矣引見慰藉之乃拜左正言累遷至樞密院使散騎常侍謝表云西垣備職寔知此日之恩榮北闕朝天始信當年之夢感因乞骸特授政堂文學謚文貞○金鍊成仁鏡之子擢魁科官至翰林學士承旨○金承茂鍊成之子有才識少登第歷史翰累遷至侍御史○金慶孫高宗朝人性莊重和裕智勇絕人有膽略以蔭進歷華要

累立戰功朝野倚重遽爲崔沆所害人皆痛惜○金琿慶孫之子忠烈朝爲大將軍中贊王如元權署行省事後封樂浪君賜推誠翊祚功臣號改封鷄林府院君謚忠宣○李瑱博通百家有能詩聲忠烈朝登第檢校政丞臨海君謚文定號東菴○李齊賢瑱之子忠烈朝登第忠宣留燕邸構萬卷堂曰京師文學之士皆天下之選吾府中未有其人是吾羞也召齊賢至都時姚燧閻復元明善趙孟頫等咸遊王門燧等稱歎不置奉使西蜀所至題咏膾炙人口忠宣之降香江南也齊賢從之王每遇樓臺佳致寄興遣懷曰此間不可無李生也以燕昊侍從功奏授高麗王府斷事官後復如元元欲立省本國齊賢上書都堂其議遂寢忠宣流吐蕃齊賢獻書元郞中及丞相拜住既而帝命量移于朶思麻之地從拜住所奏也既還國羣小益扇亂齊賢屏迹不出著櫟翁稗說恭愍卽位未至國命齊賢攝政丞權斷征東省事時王在元國空虛措置得宜人賴以安官至門下侍中鷄林府院君撰國史於其第史官及三館皆會焉自少儕輩不敢斥名必稱益齋後配享恭愍廟庭○尹莘傑杞溪人忠烈朝登第官至僉議評理杞城君○李仁琪性寬厚美風儀習禮度以武勇顯爲護軍疾重房諸將怙勢使氣抗辱之諸將訴忠宣忠宣雖直仁琪以諸將皆上國婦寺黨不得已削仁琪職未幾超授知讞部事俄遷判門下事○崔瀣致遠之後九歲能詩忠肅八年中元朝制科授遼陽路蓋州判官及東還藝文成均典校三館出迎于迎賓館累官至檢校成均大司成瀣才奇志高不惑異端不溺習俗而務合於古人延祐科興聞詔乃曰可試所學既而果中制科同年壯元宋本稱其才屢形於詩嘗過東萊縣登海雲臺見合浦萬戶張瑄題詩松樹

曰噫此樹有何厄遭此惡詩遂削去之塗以土行至安東瑄聞之怒命猛將三四追之得傔從一人歸械立門外濯灒踰竹嶺還京大爲儒林所笑後居城南獅子山下晩從獅子岬寺僧借田而耕開園田取足自號猊山農隱有座右銘及猊山隱者傳○李達衷肅宗朝登第累官成均祭酒恭愍元年拜典理判書轉監察大夫遷戸部尙書十五年以名儒擢爲密直提學封鷄林君謚文靖性剛直不撓有鑑識嘗爲東北面都巡問使及還我
桓祖餞于野
太祖立
桓祖後
桓祖行酒達衷立飮
太祖行酒乃跪飮
桓祖怪問之曰此子誠異人非公所及公之家業此子必能大之因以子孫屬之所著霽亭集行于世其詩文大爲益齋所稱賞辛旽方用事達衷嘗於廣坐謂辛旽曰人謂相公好酒色旽不悅及旽伏誅達衷作詩有威能假虎態罷懾媚或爲男婦女趨黃狗蒼鷹尤所惡烏鷄白馬是何辜之句○李寶林益齋之孫爲人嚴毅方正有政事材累轉政堂文學封鷄林君○李成瑞忠定朝拜密直副使恭愍卽位陞尙書左僕射王避紅賊南遷命爲楊廣道都巡問兼兵馬使簽兵有功興王之變從崔瑩擊賊又有功俱策爲一等如元賀正授太尉監大卿謚恭簡○李存吾字順卿早孤力學慷慨有志節恭愍九年登第調水原書記選補史

翰與鄭夢周朴尙衷李崇仁鄭道傳金九容金齊顔相友善講論無虛日授監察糾正十五年爲正言辛旽當國陵僭不法無敢言者存吾奮不顧身曰妖物誤國不可不去遂上䟽極言時旽與王對床存吾目旽叱之曰老僧何得無禮如此旽惶駭不覺下床王愈怒貶長沙監務國人稱之曰眞正言也後居公州之石灘憂憤成疾疾革使扶起曰旽尙熾乎旽亡吾乃亡返席未安而卒年三十一歿三月旽誅王思其忠贈成均大司成○金震陽恭愍朝登第不十年歷敭華要轉左常侍論劾趙浚等罪臺諫交章震陽輩搆釁生事以致禍亂杖流遠地卒號草屋子李崇仁作傳○金子粹字純仲恭愍王末擢魁科辛禑初爲正言以言事流全羅道突山戍恭讓朝除成均大司成累官至刑曹判書後仕本朝〔新增〕或云子粹爲麗朝死節臨死有詩曰平生忠孝意今日有誰知云云而此云仕本朝者未可知也〔本朝〕

偰長壽元朝崇文監丞遜之子也遜於元季恭愍王時避兵東來長壽官至判三司事後仕

本朝請賜鄕貫我

太祖命以鷄林爲貫○金稛因渭之後

太祖朝開國功臣封鷄林君謚齊肅○李來存吾之子登第叅佐命功臣封鷄林君配享

太宗廟庭○偰循遜之孫博學能文再登第官至提學○金孟誠稛之子官至刑曹判書謚信敬○金新民登第官至知中樞院事子升卿登第官至刑曹叅判○李文烱登第官至禮曹叅判風姿玉裕以文雅稱○李尹仁畣齋之後登第累官至平安道觀察使○鄭孝常擢甲戌科壯元叅翊戴佐理功臣封鷄林君○孫昭

世祖朝登科李施愛之亂有功策敵愾功臣封雞川君謚襄敏○金永濡登第官至刑曹參判○金千齡魁丙辰科官至直提學有才名○崔淑生登第能詩文尤工四六號忿齋○孫仲暾昭之子性淸儉登第官至參贊〔新增〕謚景節燕山時以言見逮中廟朝拜尙州牧有聲績見褒尙民圖像立生祠後州人別建學舍號涑水書院與申公祐並享焉祠號景賢以上出輿地勝覽而間以新增補之〔新增〕新羅金庾信王京人首露王十三世孫也父舒玄庚辰夜夢熒惑鎭三星降於己母萬明夢見童子衣金甲乘雲入堂尋有娠二十月而生背有七星文父曰庚與庾字相似辰與信聲相近況古人有名庾信遂名之及壯事善德太宗文武三王統合麗濟事績具在東史本傳嘉靖辛酉立祠享之後因以爲西岳書院○貴山○箒項皆沙梁人也少相善同受五戒於圓光法師一曰事君以忠二曰事親以孝三曰交友以信四曰臨戰無退五曰殺生有擇眞平王時百濟大發兵來王使將軍乾品等拒之貴山箒項並以少監赴焉羅軍力困引還貴山大言曰吾聞士臨戰無退豈敢奔北乎與箒項揮戈力鬪金瘡滿身半路而卒○夫果○驟徒○逼實兄弟三人沙梁人也驟徒嘗出家名道玉太宗時百濟來伐道玉語其徒曰吾旣不能精術業以復性不如從軍殺身以報國脫法衣着戎服改名驟徒意謂馳驟而爲徒也遂隨軍赴敵持槍劒突陣力鬪死之後文武王與百濟戰於熊津夫果以幢主戰死論功第一後高句麗殘賊據城叛神文王以逼實爲貴幢臨行謂其婦曰吾二兄旣死於國吾何畏死而苟存乎今日與爾生離終是死別也及對陣獨出奮擊斬殺數十人而死○金欽春沙梁人眞平王時爲花郞仁

深信厚能得衆心文武王陟爲冢宰事上以忠臨民以恕國人翕然稱爲賢相○金盤屈角干欽春子也太宗時唐高宗命蘇定方伐百濟欽春受王命率兵應之至黃山原戰不利欽春召盤屈曰爲臣莫若忠爲子莫若孝見危致命忠孝兩全盤屈曰唯乃入賊陣力戰死之以上出三國史○金令胤盤屈子也神文王時高句麗殘賊悉伏以城叛王命討之以令胤爲步騎監將行謂人曰吾此行也不使宗族朋友聞惡聲及見悉伏結陣以待或告曰窮寇勿迫宜左次以待疲極而擊之令胤曰臨戰無勇禮經之所譏有進無退士卒之常分遂赴敵格鬭而死王聞之流涕曰無是父無是子○金昕陽之從父兄也幼而聰悟好學憲德王將遣人入唐難其人或薦昕精神朗秀氣宇深沉遂令入朝歲餘還皇帝詔授金紫光祿大夫王以不辱命特授南原太守屢遷至伊飡兼相國後爲大將軍禦淸海兵敗績自以不能死綏不復仕宦入小白山葛衣蔬食以終其身以上三國史○李達尊字天覺益齋之子也工文詞忠肅朝登第陞獻納忠惠如元與父從之王復位授典理摠郞東還道卒年二十八以上出高麗史列傳〔本朝〕李元益益齋之孫官至大司成登第年代不可攷不錄於文科門○李瑄元益之子官至判書登第年代不可攷不錄於科目門○李之帶瑄之子登武科官至漢城判尹○李從允居府南月南里登第歷兩司陞通政爲濟州牧卒于官性質淸儉不爲表襮有古人風以淸白見稱濟州名宦記云政尙淸簡吏愛民悅考滿上書請留竟卒于官人甚惜之○李蕃字叔翰居安康縣良佐洞資禀秀異儀容端正弱冠遊府庠從師取友通經學工文詞筆法亦妙

成廟見南道都會儒製得蓄居魁數篇嘉賞之卽命乘傳赴闕給紙筆更試之 賜衣食具
許留國學使卒其業多士榮之弘治乙卯中司馬有子曰彥迪卽晦齋先生○李彥迪字復
古蓄之子也正德癸酉
中廟朝中司馬甲戌登第官至左贊成 贈領議政文元公配享
明宗廟庭從祀文廟有文集五卷九經衍義求仁錄大學補遺奉先雜儀等書行于世號晦
齋先生○曹漢輔號忘機堂博覽古書從事文學而所見流於禪學晦齋先生作書以辨之
○金洵登武科官至承旨晦齋先生謫江界時洵爲滿浦僉使病重先生曰名譽甚不好造
物皆欲害之此人亦多名譽甚可慮也云○李應仁晦齋先生之嗣子也八歲聞生母李氏
訃哭甚哀一日患痢頗苦舉家危之勸肉不從翌朝進石茸羹應仁幼未嘗見錯認牛千葉
不食初母李氏解衣送之至是每泣且摩曰吾母衣也念母不已母朴夫人撫背止其泣曰
我是汝母亡者卽叔母也對曰此亦母彼亦母也晦齋聞而奇之後筮仕屢典縣邑所至有
聲績○孫曄仲暾之孫幼穎異早有俊聲其爲文敏贍尤長於詩
明廟以慶邑人材之盛特命新羅玉笛爲題發遣京官試諸生時曄年十五考官得曄所製
奇之擢置高等由是知名
宣廟朝戊辰成進士益自力爲文屢舉不第後除集慶殿叅奉○崔震立居府南伊助村清
白吏司成汭七世孫也萬曆壬辰之變慨然投筆多殺倭賊立戰功後登武科前後歷職皆
有聲績以清白見重官至工曹叅判副摠管丙子之亂爲公州營將領兵赴難監司鄭世規

懲其年老以黃珀代之令落後震立慨然曰筋力雖衰志在裹革揮泣從行至龍仁險川賊以鐵騎蹙之震立特立陣前射必殪之先軍潰從者以事急告震立曰吾得死所矣遂死之

仁祖朝贈兵曹判書命旌其閭官其子東亮

孝宗朝贈謚貞武○鄭克後居安康南昆季山下自號雙峯老人襲明之後篤學力行遊學旅軒之門早歲以文學名世累舉不第晚年專以攻文著書爲己任西岳志歷年通考皆已刊行所述若干卷藏於家以文行薦爲師傅○文應星居府北黑林村江城君益漸後也壬辰倭寇猝發本府爲賊路初頭公私蒼黃奔潰而應星周旋其間權奉　聖殿東西廡位版于紫玉山中終始保護亂定後特除參奉○崔洛本府椽吏也文筆俱贍計慮長遠壬辰之亂人皆偸生不暇而洛周旋其間擔運東都事蹟案藏置於深僻地使千年往迹得保於兵火搶攘中以貢後人考據功不下古人之掘地藏史玆錄於人物之下以爲來者觀感之地云爾

東京雜記卷之二　終

東京雜記卷之三

寓居

〔高麗〕吳世才字德全高敞縣人少力學手寫六經以讀日誦周易世才與李仁老林椿趙通皇甫抗咸淳李湛之等自以爲一時豪俊結爲友稱七賢每飲酒賦詩旁若無人明宗時登第性踈雋少檢不容於世僑寓東京窮困而卒李奎報私謚曰玄靜出麗史列傳○安置民字淳之號棄菴隱居不仕李奎報在征東幕贈詩曰詩高全勝庭堅體文贍猶存子厚風但恨未成華國手草間呼吗學秋蟲又眉毛垂似絲眸子烱如水我不見龐公見君疑卽是出輿地勝覽〔新增本朝〕金時習字悅卿上柳襄陽書曰僕乙卯年生京都泮宮之北生八月能知書三歲能綴文英廟召于代言司知申事抱于膝上作文作詩不少卽入　啓賜物云時習五歲世宗召入內呼韻令製三角山絕句卽賦云束聳三峯貫太靑登臨可摘斗牛星非徒岳峀興雲雨能使邦家萬世寧　上嘉歎賜物褒之世祖卽位之後佯狂爲僧不拘禪律自號淸寒又號梅月堂性理陰陽醫卜百家無不通解

文章浩汗自肆所著梅月堂詩集歷代年紀金鰲新話行于世遍遊國內名山大川因卜築於金鰲山以居之嘗手寫其像作贊曰俯視李賀優於海東騰名謾譽於爾孰逢爾形至妙爾言大侗宜爾置之丘壑之中事見本傳

科目

〔文科〕崔汭洪武癸酉

太祖朝登第官至司成○尹統永樂甲午

太宗朝登第官至參判○孫昭景泰癸酉

魯山朝中司馬兩試天順己卯

世祖朝登第見人物門○李從允天順壬午

世祖朝中司馬兩試成化戊子登第見人物門○黃玎成化甲午

成宗朝登第官至正言○孫仲暾弘治己酉

成宗朝登第見人物門○李哲明弘治乙卯燕山朝中進士甲子登第官至禮曹佐郎○辛孟卿弘治甲子燕山朝登第官至禮曹正郎○李彥廸正德癸酉

中宗朝中生員甲戌登第卽晦齋先生也見人物門○李乙奎謂平之後嘉靖辛卯

中宗朝中進士乙未登科狀元官至承文院校理○金世良正德己卯

中宗朝中生員登李乙奎榜第二官至郡守世良謙恭有文行晦齋先生深許可先生謫江

界世良爲鎭海倅一日夢見先生先生贈詩曰投履床下去精氣與天通淡然一草裏獨遊神仙峯驚覺號泣語其子曰先生逝矣後聞之果易簀日也○權德麟晦齋先生門弟以文藝聞嘉靖癸丑

明宗朝登第官至郡守○李宜活判官應仁之子萬曆癸丑光海朝中生員戊午登第官至郡守○金宗一天啓甲子

仁祖朝俱捷司馬兩試翌年登別科狀元曾經兩司玉堂今在○李耉徵益齋之後府使景漢之孫

仁祖朝己卯中進士

孝宗朝丁酉登第曾經禮曹佐郎今在○〔武科〕李之帶　○任夢瑞官至縣監○崔擎天官至監察○李元林之帶之孫官至郡守○李通晦齋先生從弟官至經歷○李運通之弟也官至萬戶○李景海益齋之後之帶之五代孫少業儒以文藝稱壬辰之亂奮義討賊多立戰功錄原從功官至主簿○李景漢景海之弟壬辰之亂討賊功多賊适之變錄原從功官至資憲累任府使後　贈崇政判中樞○李景湖景漢之弟壬辰之亂以左兵營虞侯督戰討賊所向多捷錄原從功見稱名武官至通政歷典四邑○李景澤景湖之弟官至主簿○權士諤郡守德麟之從子少業儒以文藝稱累中鄕解壬辰之亂投筆登武科奮義討賊多立戰功錄原從功官至縣令○孫時仲暾之孫官至判官○孫宗老時之子官至縣監丙子之戰死於雙嶺○申繼榮官至縣監○申士忠繼榮之曾孫官至主

簿○李地官至縣監○辛商賚正郎孟卿之後癸亥反正錄勳二等陞通政官至府使○琴德華武藝絕倫官至縣監○李夢亮官至郡守○李浚晦齋先生庶孫出入諸賢門下徧求先生文集序跋以此見稱陞通政官至郡守○李容浚之子官至主簿後以老陞折衝○李弘淨乙奎之子官至萬戶○鄭奇龍官至判官○李希龍官至監察○崔奉天見忠義門○琠震立見人物門○崔繼宗震立之弟官至縣監○吳湛父喪廬墓三年官至主簿○李芳隣官至判官○李德龍官至縣監○曹緯官至主簿○李龍甲之帶之六世孫官至萬戶○朱世諶官至萬戶○金世範歷典九邑○金虎見忠義門○李升亨官至僉使○金世績官至萬戶○李應男官至縣監○李輔臣官至郡守○崔希昌官至萬戶○朴弘遠官至僉使○金禹績官至萬戶○辛悌立官至萬戶○崔國成繼宗之孫前行縣監今在○孫欽宗老之子前行僉使今在○金大鎰前行萬戶今在○吳必寬時任萬戶本府登科者不爲不多而煩不能盡記只舉六品以上錄之

蔭仕

李彥适官至察訪○李應仁官至判官見人物門○鄭忱龔明十三世孫官至主簿○金末宗官至縣監○李宜潛應人之子居家有孝行居官有淸名官至縣監○權應生郡守德麟之孫官至縣監○孫宗賀仲暾之曾孫官至主簿○金景斗官至縣監○朱士豪官至縣監○吳敬老以孝廉薦爲縣監○崔東彥縣監繼宗之子官至縣監今在○崔東亮震立之子

以父蔭錄用嘗拜砥平縣令以其接待北使辭不赴後歷典二邑

孝行

〔新羅〕孫順興德王時人養母至孝有小兒每奪母食順謂其妻曰兒奪母食兒可得母難再求負兒歸醉山掘地欲埋忽得石鍾甚奇夫婦驚恠妻曰得物殆兒之福也不可埋也順亦以爲然乃負兒與鍾而還家懸鍾於樑撞之聲聞王宮王使人審之具奏王曰昔郭巨瘞子天賜金釜今孫順埋兒地出石鍾前後同符乃賜屋一區粳米五十石○知恩韓歧部女人小孤養母年三十二猶不嫁無以爲養傭作行乞以飼之日久困憊就富家賣身得米十石窮日供役暮則作食歸養母曰向食雖麤而甘今食雖好肝心若刺何也女以實告母曰使爾爲婢不如速死乃大哭女亦哭孝宗郎出見歸請父母輸米百石幷與衣物郎徒幾千競出石粟王聞之亦賜租五百石家一區復命差兵守粟牓其里曰孝養仍奉表歸美於唐室〔本朝〕許諷元年十三父程文得狂疾自斫手指和藥以進疾乃愈事　聞旌閭○南得溫母死廬墓三年

太宗朝旌其閭○金允孫父爲虎所攫允孫挺身逐虎左手扼其胡右手塞其口因擊殺之父得生事　聞旌閭○朴希楠○希樟○希楨兄弟三人俱有孝誠父歿廬墓三年服闋猶素衣不食肉朔望哭奠又三年而止○崔永麟事父至孝及歿廬墓三年不食鹽醬喪畢猶不廢朔望祭以上出輿地勝覽〔新增〕金應璧與弟應奎應井俱有孝誠及遭親喪三人廬

于墓側雖疾風大雨不廢拜墓常立階上而哭三人當足處皆穿深至數寸許一夕風雨大作忽有聲三人聚首而聽乃其亡父聲也驚出廬外則無所見俄而又有其聲心恠之抱神主同出候之少頃廬北之山左右崩頹壓於廬墓又畜一犬名之曰神春欲知家信則三人必呼犬名繫書于頸各送其家犬能觧其意往復于三家家亦繫書以通服闋歸家晨昏必齋服祇謁家廟終身不廢事　聞旌閭閭在府南十里金光堤上○李承曾事父母盡其誠孝及遭喪廬墓三年一不歸家時劇賊八龍徒黨彌滿各邑殺掠人民而過承曾所廬地指點相戒曰此孝子居也愼勿輕動遂收兵避去早年中生員屢除職終不就事　聞旌閭閭在府東瞻星臺北行蹟俱在三綱續錄○崔震幹進士臣隣之子壬辰之亂奉祖母避匿於黄龍山中賊探山欲刃其祖母震幹冒賊刃奔救同死一劒妻鄭氏亦自縊事　聞旌閭閭在府南鳳凰臺西○李氏士人曹英之妻劇盜數十明火突入將刃其舅李氏以身翼蔽曰殺我毋害舅賊義而兩釋之出而相告曰孝婦之家愼勿犯也事　聞旌閭閭在安康縣南甲山村○張莫同賤隷也事繼母至誠母死歠粥三年不食鹽醬服闋加服三年當倭亂忘身討賊多立戰功忠孝兩至事　聞旌閭閭在府東五里○崔包居府南川面皃里少有文名誠孝篤至父病盲包須臾不離側朝夕之食必自手進及擧進士過試後不待榜下鄉中路聞榜歸謁于父父曰汝得參榜否包曰參榜矣父大聲驚起兩眼忽開人謂孝感所致○李彥适晦齋先生之弟居安康縣東良佐村事母至孝爲養棄官躬奉甘旨及其遭喪泣血哀毀喪祭盡禮當先生遷謫之日爲先生夜夜焚香祝天其孝友之篤出於天性官至察訪

事聞于朝減其戶役○李宜潤判官應仁之子晦齋先生之孫天資粹美早歲志學受業於寒岡之門篤學力行恐墜先業自號無忝堂事親至孝癸巳之亂丁父憂雖在兵火流離中喪祭盡禮泣血哀毁與其諸弟友愛尤篤父病嘗糞甛苦沐浴禱天請以身代臨終欲嘗石榴而時當夏月不得進故平生不食見輒流涕家廟晨謁風雨不廢事聞于　朝減其戶役○李宜澄宜潤之弟早歲力學事親至孝居喪盡禮一如其兄哀毁致傷服闋未幾兄弟相繼死亾事聞于　朝減其戶役○李曔宜澄之子善事繼母極其誠孝且有學行鄉人書之善籍屢入鄉薦○李遇春居安康縣東良佐村壬辰之亂母老且病不能遠避遇春負置林莽間隱伏於相望之地及倭人奔刼揮劒而向其母遇春蒼黃疾走以身翼蔽同死一劒○鄭三孝居安康縣西赤火谷龔明之後進士珩嗣子也壬辰之亂避匿山中賊猝至父未及走賊且近前三孝以身翼蔽同死一劒○李孝曾居安康縣東有今村養母至孝家窮食貧甘旨竭力營辦或値凶歲供億不如意則必涕泣不已夜則陪侍親側問其燠寒終始不怠及其遭喪祭奠盡禮三年之內不出廬外數畝之田任其荒廢○徐思遠居府西見谷村壬辰倭亂父爲賊所害思遠誓必復讎挺身於衰麻中自募赴賊宗族皆止之思遠曰父死於賊而子不知復豈曰子乎乃率奴五丁隨大陣入賊中力戰死之○李時仁居府北茅兒村校理乙奎之孫居廬三年一不歸家一日家人以失火奔告時仁曰祠宇免矣他何足恤哭奠自如歠粥終喪不嘗鹽醬復遭　國恤亦行方喪○陳韡居府北五琴村性純孝親喪廬墓三年博學能文屢擧不中○金禹範居府北士坊村早喪父奉母備養後丁憂行喪六年

又爲師心喪三年其妻金氏亦爲之齋素三年○鄭延性居府西富山村襲明之後三歲喪母五歲喪父托於庶母未弱冠追服父母三年喪鄉人書之善籍○李汝舟居府西沙正里母病斷指一節以救其死兄病又斷一指○孫時居安康縣良佐村鷄川君昭之四世孫奉母至孝朝夕羹炙之饌必躬執爲之每月朔望沐浴拜天爲母祝壽○李景漢○景湖○景澤兄弟居安康縣里皆有孝行而俱登武科景澤以爲二兄先出仕路我亦從仕則侍親無人不復求官常在親側身供藥餌不脫衣帶曲肱假寐於母枕邊者積十餘年景澤先死景漢景湖恐其老母哀傷不忍告知權辭掩諱聞者悲之

仁祖朝因禮曹啓請特加褒賞○金女居府南葺長村士人金廷敏女也壬辰之亂與其母堅氏分匿山中賊探山將刃其母女疾走翼蔽同死一劒賊去後奴古音年往視之流血凝結兩體爲一解而分葬之至今金鰲山麓兩墳相對焉○李瑩居府南中里村乙奎之曾孫奉養老母極其誠孝年過六十廬墓三年鄉人書之善籍○金女居安康縣里年十三有賊徒數十明火突入將刃其父女抱父哀號曰我父無罪願殺我毋害父賊揮劒擊其額賊中一人止之曰此孝女不可害也乃兩釋之額上因有劒痕○李全仁晦齋先生之庶子從先生關西謫所晝夜侍側言動必記作關西問答錄先生易簀輿櫬而返冰雪盈山輒不得進時有樵夫負土鋪路使之安行全仁露伏柩前觀者灑泣喪畢陳疏獻先生所撰進修八規明廟下諭監司曰今覩全仁疏辭身在草野不忘其父進修之誠良用嘉焉　命復先生官職又以先生文集往復於退溪先生門下有所發揮焉退溪先生嘗稱之曰習詩書知義方

○金士俊居府西見谷村正兵也母病斷指流血以灌事聞于官復其身役士俊以職分所當爲力辭不從○李尙獻居安康縣益齋之後父喪廬墓三年以文藝見稱○李光翼居杞溪縣早孤事母至孝家甚貧朝夕不繼而養有兼珍之膳隣里感其孝而致饋則惟取足於養與祭而已其餘無處而饋者則一介不取晝夜不離親側手撫其突稍冷則雖中夜必起而親自爇火一日回風反火火延其鬚有良醫自京來寓三陟人蔘叉産其地光翼聞之稱貸於親舊得若干布端着草屨戴平凉笠荷擔徒行問母病貿人蔘往返於七日程而用之及母疾篤時當盛寒夜必沐浴禱天訖二十餘日母亾哀毁踰禮歠粥三年晩年爲結數椽屋於父母塋下以寓終身之慕焉爲人温恭廉謹任分安貧待人接物一以誠款博覽羣言文詞古健以母病多不能應擧累中發解未有成鄉邦惜之書之善籍屢入鄉薦○吳汝藩世才後也居府北士坊村少喪父奉母至孝家貧無以自資躬農桑妻辟纑以供母便身之物莫不畢給母歿哀毁踰禮及至葬身織屨四十餘件悉以頒諸擔軍曰舁母涉險恐其傷足故以此授之諸軍感而相飭竟安其行仍廬墓側一不歸家及遭　國恤方喪三年爲其師心喪三年三年內祭奠及忌日必以米饌來助而與祭焉汝藩死後子兢米饌助祭一如父在時其家不受兢泣曰父歿而廢此禮吾不忍也遂强進之人謂父有子矣○韓召史居安康縣山臺坊水軍朴春得妻也家甚貧朝不謀夕以身傭賃養其舅姑凡便身之具適口之味無不至誠供之隣里稱之事聞于官累加褒賞○崔戒生居府東石乙只村賤隷也夜失火父在土宇中老不能出戒生冒入烈焰抱父同死○孫眞兩女居杞溪縣里寺婢也長

曰四五年二十次曰禮分年十三至誠養母一日夜母出門外有虎攫取蹲坐於庭二女身擁百斤擔手持爇火木直前投火虎驚吼捨去得免於死事聞于官成給完文後母病篤末女斷指流血以灌母病乃瘳○禹召史僉知李容妾也事親至孝以父母死於亂離中不得厚葬平生衣不挾新絮經營改葬後服喪六年事舅姑亦盡誠敬姑疾革嘗糞甜苦姑歿加服三年○崔東亮居南面伊助村丙子之亂鄉人謀起義兵而東亮欲從其父震立於湖西陣中獨身先行未至父已戰死尋屍還葬廬墓三年○金宗一居安康縣北魯堂村九歲而孤執喪如成人少時嘗使酒母責之自是至老絕口不飲母歿葬祭盡禮廬墓歠粥一不歸家母病欲嘗西瓜非時不得用至老不食西瓜鄉人書之善籍年今七十四○朱耼壽居府南中里村早孤事母孝年六十六丁憂歠粥三年葬祭以禮家廟晨謁至老不輟母病欲嘗西瓜而非時不得用平生不食西瓜年今七十五○金涬河居安康縣南大洞村父病革再斷指流血以灌父病乃瘳家甚貧稱貸資生而奉先極盡其誠○鄭明緒居府東開穀村襲明之後父病斷指流血以灌○命春居安康縣多叱村其姑老病命春奉養十餘年少無怠意每飲食必親指匙以饋姑遺矢亦必手自掃除洗濯不使其子女以盡姑年命春年今六十餘矣○禮俊居安康縣良佐村私奴也父病斷指○李昌馨居安康縣音汁火村父病斷指○李仁希本府下吏也至誠養親廬墓三年

友愛

李桂居安康縣東有今村遇春之子兄弟少孤相依極其和悅一有美味其兄不食則桂不獨食必對坐共餐兄有樵汲之憂桂分臧獲以助之兄有寒暑之苦分冬夏衣將死謂子女曰我所着衣服切勿盡用於吾喪以爲他日兄喪歛襲之資分其半親自封表而藏之〇鄭延吉居府西富山村襲明之後主簿忱之子與兄延慶友愛篤至晨昏出入必候問焉得一美味不進於兄則不先入口壬辰之亂兄爲倭所虜延吉蒼黃疾走請以身代取賊擔囊身自負之爲賊前路賊乃捨兄執弟而去以一條索縶其手頻頻動引以防逃脫被擄人中有一漢義而哀之候倭睡熟解所縶之索自縶其手曰願急去吾請自當遂令延吉得脫亦一義士也〇崔弘澤居府北五琴村與異母弟弘濬友愛篤至弟有樵汲之憂以所生母奴婢分給之鄉人書之善籍〇吳周幹居府東開穀村進士懰之子與兄周翰友愛篤至兄貧不能爲家周幹於所居垣內作室同處得一美味必以饋兄及兄臨死許其所使婢僕以爲兄子孫計鄉人稱歎焉〇金得義居府南中里村早喪父母壬辰之亂與妹弟隱匿皇龍山中賊探山妹弟爲賊所遇以劒擊其肩得義百般救療七年兵火中終始負行避賊乞丐糊口竟至兩全〇李安性居杞溪縣登武科丁酉兵亂其兄犯死律乞以身代仗劒奮義力戰死之〇李友柟居府北茅西坪村善事家兄必有酒肉顧恤從子特給奴婢鄉人書之善籍

忠義

金虎居府南月南村登武科壬辰之亂賊勢鴟張人皆竄伏虎首起倡義與崔震立誓死效

忠遏絕賊路累戰大捷前後獻馘數千餘級以功除釜山僉使未及赴任爲賊砲所傷死○白以昭居府西富山村爲人壯大勇力絕人壬辰之亂奉母率妻匿置山中獨持弓矢以禦探山之賊斬首三十餘級賊不敢入山一山避匿之人賴以得全甲午登武科丁酉兵亂發憤討賊身中賊丸永川倉巖之戰邑倅止之曰丸瘡未完不可從軍兵使亦止之以昭曰爲人臣子遭此國亂當死陣中何敢求生遂自募赴陣力戰死之○李葩秀○李芬秀兄弟居府西富山村皆奉事也壬辰之亂兄弟自募義兵力戰于西門外皆死之芬秀妻金氏亦爲賊所逼至死拒之亦被殺○崔奉天居府內登武科壬辰之亂倡義討賊以戰功特除左水營虞侯倉巖之戰突入賊中力戰死之亂定後追　贈二品父母封爵○李希龍居安康縣北多叱村登武科以司憲府監察供職在京壬辰之亂承命覘賊至忠州遇賊戰死其子文軫在家聞父戰死誓心報讐直向忠州行至新寧又遇賊力戰死之○權復興居安康縣多叱村壬辰之亂以足蹇擯不與於義旅發憤備戰馬率家僮直向釜山遇賊於多大浦馳入賊陣劒折矢盡爲賊所害○朴利孫○金允福○黃希安皆壯士也壬辰之亂分據要害處戮力捍禦獻馘甚多御史李尙信上其事　上嘉之命觀察使韓浚謙　下敎書以諭之多辦酒肉木布犒餉頒給陞資錄功○玉同崔震立奴也壬辰之亂其主倡義討賊時玉同年纔十五六盡心奉主不避艱危一日賊猝至奴主同竄林藪賊望見大來搜索玉同度不得免挺身先出多方誘之曰此無人矣某谷中多有避兵者可以去矣賊愛其年少美姿容不忍加兵仍向他處奴主得以俱全○奇別崔震立之奴玉同之姪也丙子險川之戰震立謂

所率奴數人曰吾雖年至當死戰塲爾輩肯有從我者否因解衣投之曰從我者須着此衣奇別泣而衣之曰主既爲忠臣奴獨不爲忠奴乎遂同死陣中及尋屍屍在其主之側○愛卿居府北茅兒村私婢也歷事其主三世忠愛篤至倭亂奔竄中所得雖毫末必以供主主賴以活每主病必甞糞甛苦○欣月居府南月南村私婢也壬辰之亂其主金氏喪其夫又無子姪欣月至誠奉養賴以得全後金氏年老無以自存欣月朝夕奉侍始終如一及金氏歿斂葬之事祭奠之禮竭誠供辦及其將死謂其諸子曰上典在世惟我是依今作孤魂更誰爲托我死葬其墓側則地下兩魂庶有依賴汝等須共爲保護以修祀事言訖而死隣里咸歎其至誠

貞烈

〔新羅〕薛氏栗里民女也父年老當防秋女恨身不得代行少年嘉實願代薛入以告於父父曰聞君欲代老人之行願以女奉箕箒於是嘉實請期薛曰妾既以身許有死無易待歸成禮未晩也乃分鏡爲信留一馬遂行六年未還父曰始以三年爲期可歸他族薛曰向以親故與嘉實約棄信食言豈人情乎終不敢從父老耄欲强婚於里人既定薛固拒至廐見馬流淚於是嘉實來形骸枯槁衣裳藍縷薛不知嘉實以破鏡投之薛得之號泣遂約異日成禮出輿地勝覽〔新增〕〔本朝〕金氏訓導金鍊妻也壬辰之亂鍊上京未還金氏抱三歲兒避匿山谷中被執賊捶擊以前金氏抱兒痛哭矢死不從賊奪其兒生置他藪而殺金氏

事　聞旌閭閭在府西廣橋邊○堅氏忠順衛李宗纘妻也居夫喪泣血三年不食鹽醬不脫喪服柴毀自盡事　聞旌閭閭在新院○鄭氏忠義衛李竚妻也早喪夫哀毀踰禮繼遭母喪晝夜號泣及父病救療備至殫竭其誠事　聞旌閭閭在府南月南里○崔氏奉事孫奉先妻也備養夫姑甚執婦道壬辰之亂奉先與其繼母避匿龜尾山中忽遇賊將刃其母奉先曰願殺我毋害母母子同死一劒崔氏身以掩夫手以防刃折手傷身流血幾死賊乃捨去崔氏親歛夫姑已窆之謂其子女曰夫既爲母而死吾何忍獨活遂自縊而死事　聞旌閭閭在府西鵠院○琴氏居安康縣里幼學金訥妻也壬辰之亂避匿山谷中賊猝至悅其姿色欲犯之琴氏拒之甚確拔所佩小刀刺賊手因被害○丹非安康縣里私婢也有容色年十八爲隣居士人所眄及年二十一而士人死終不再嫁至八十餘乃死○方今安康縣里私婢也少有容色年十九而寡終不再嫁至七十餘乃死○鄭氏居府南中里村奉事朱清妻也清死鄭氏晝夜號哭不離殯側俗節祭祀必作夫節衣及襪祭罷燒其衣而瘞其襪祁寒大暑體常無全衣而爲夫製衣則三年之內始終如一闋服後素服麻絰不御酒肉以終其身鄉人書之善籍○鄭氏興海人禮曹正郎四溟之女嫁未朞年夫李壇病死鄭氏欲自決以從之取刀自刎者數次以索自縊者三四次傍人聞其將絕聲蒼黃奔救自後常使人守之不令自決鄭氏期以必死自殯歛後以被蒙面不見一家人面目不進米飲終年唯飲冷水及朞柴毀自盡自初喪至臨死哭不絕聲惟曰死後埋我於家翁墓側則死無憾矣○金氏居安康縣北魯堂村校理宗一妹也生一子而寡泣血三年執喪盡禮子弱冠死於

痘金氏號痛曰吾隱忍不卽死者以有子也今子又死吾復何望遂欲自決其甥喩以理且以婢僕守之一日謂其婢曰兒甥日日來見而無以療飢須多備燒酒置我枕邊婢如其言是日達夜書諺文堅封藏之然後就寢婢不以爲慮而熟睡朝而視之則已逝而瓶竭矣啓其封書則處置身後事及付兒甥與夫之兄弟以屬其立後事也○韓氏居杞溪縣士人李楹妻也甚執婦道人稱其賢未朞年夫病死韓氏謂其婢曰吾早失兩親今又喪夫吾寧死從不忍獨活因絶食十三日而死○龍介居府西富山村私婢也生一男二女廿九而寡恐爲强暴所汚常於枕席不觧衣裳又置刀鎌等物以備之年五十八而死隣里咸稱焉○於屯介居府南梌谷里水軍朴仁玉女也年十七嫁東海人居數歲夫得病於屯介盡誠扶救及夫死於屯介慟哭曰良人旣死吾何忍獨活吾年少無子父母必奪吾志矣因欲自縊家人奔救之潛走投海而死○楊氏居府東開穀里忠義衛金弘燁妻也丁酉之亂避隱鼇藏山中賊猝至驅出前行到深淵上自投而死○金氏居安康縣里幼學權士立妻也壬辰之亂倭寇見其姿色迫之甚急金氏知其終不得免乃披髮掩面投水而死○趙今居安康縣西玉山洞年二十一而寡終不再嫁七十餘乃死○德今居杞溪縣北省法村奉事張震龍妾也丙子之亂夫死於雙嶺戰塲德今千里跋涉尋屍還葬祭奠盡誠鄕人稱之○朴召史居杞溪縣南村年十九而嫁二十五喪夫盡心治喪哀毁六年終身不改所守孝養父母母老病盲誠心奉養及母死服喪六年又爲無後叔父服喪三年○韓氏居府西大谷村又堅之女也傍水而居遭夫喪殯而未葬一日大雨水溢屍柩漂出韓氏投水抱柩互相出沒俄

而柩礙於岸邊人與柩兩全喪畢後絕不食肉焉○金召史居杞溪縣里百姓李命生妻也早喪夫無子乞糧葬祭服喪六年至誠養姑終始不怠姑死於癘疾召史自負埋窆之今服闋已踰年矣猶不脫衰

伎藝

金生僧人也自幼能書年踰八十猶操筆不休隸書行草皆入神學士洪灌奉使入宋以金生行草一卷示翰林楊球李革二人大駭曰不圖今日復見王右軍手書灌曰此乃新羅金生書也二人笑曰天下除右軍焉有妙筆如此哉○率居所出微故不記族系生而善畫嘗於黃龍寺壁畫老松枝榦盤屈鳥雀往往望之飛入及到蹭蹬而落歲久色暗寺僧以丹青補之鳥雀不復至芬皇寺觀音菩薩晉州斷俗寺維摩像皆其筆蹟世傳爲神畫 以上出三國史○薛景成高麗時人自言弘儒侯聰之後世業醫精其術身長美風儀性謹厚忠烈每遘疾必使景成治之由是有名元世祖不豫遣使求醫安平公主賜裝錢及衣二襲遣之用藥有効世祖喜賜館廩勅門者時得出入至使圍碁於前親臨觀之賞賜甚厚自是數往還世祖遇之益厚景成雖見知天子蒙幸國王未嘗爲子孫求恩澤亦不治產業官至知都僉議司事 出高麗史

書籍

〔府藏冊板〕〇自警篇〇活人心方〇尙書諺吐〇尙書〇胡傳春秋〇中庸〇大學〇莊子筆談〇慵齋叢話〇酉陽雜俎〇歷代世年歌〇吏學指南〇無寃錄〇講觧律〇遁村詩北景八景詩〇不自棄文〇宋楊輝筭法〇九成宮蠶書〇拯急遺方〇三國遺事〇益齋亂稾表詩〇瘡疹方〇朱子詩集〇百里指南〇草書千字〇元六典大全〇孝經〇性理大全〇唐音〇帝王韻記〇時享圖〇聯珠詩格〇小全大明律〇略韻〇冠婚喪制儀〇十抄詩〇南嶽唱酬〇醫眼方〇救荒撮要〇三國史〇庸學指南〇兩山墨談〇儒先錄皇明名臣言行錄〇春種出攷事撮要刓不用論語〇孟子〇抄馬史〇朱子行狀〇心經兵學指南〇丹溪纂要〇破閑集〇補閑集〇東人詩話〇羲之書帖〇萬竹山房集帖〇韓石峯書〇趙孟頫所書赤壁賦及浣花體〇東坡筆迹〇晦菴所書孝悌忠信禮義廉恥夙興夜寐大字〇崔孤雲所書廣濟嵒門大字〇金生所書檜院大字〇黃孤山所書〇靜虛動直大字〇磨崖碑〇百聯抄觧〇童蒙先習〇千字文〔鄕校所藏板〕〇忠孝堂三大字〔西岳書院所藏板〕〇西岳志〇歷年通考〇崔孤雲所書雙溪石門四大字〔淨惠寺所藏板〕〇晦齋文集〇九經衍義〇求仁錄〇大學補遺〇奉先雜儀〇晦齋所製退溪所書十六詠及元朝五箴〇金南窓所書元朝五箴及太極問辨〇益齋集〇櫟翁稗說〇抄漢書〇孝行錄〇梅月堂四遊錄〇太極圖說〇韓濩所書赤壁賦

題詠

〔高麗〕金君綏詩武烈王孫文烈家鷄林眞骨固無多故鄉尙在天南角今幸來遊作使華○張鎰詩四百年前將相家競開臺榭幾雄誇只今繁麗憑誰問野杏山桃泣露華○閔思平詩鷄林古與國崔薛出賢材禮樂學中夏郁郁乎文哉自其王納土分司幕府開民皆賢者後峩冠儼容儀○李達衷詩孤雲事業屬誰家屈指英材也不多益老拙翁俱已逝山川應復蘊精華○鄭樞詩宮省五十世衣冠一千年英雄水朝海文物草連天○李元紘詩鷄林最雄藩形勝冠南州撲地閭閻盛連城塔廟稠○金九容送權府尹詩鷄林樹色望中靑一點文星降翼精旌旆影斜春日暖謳歌聲隱靄雲生千年故國多遺迹十載曾遊慘別情遙想倚風樓上月閒吹玉笛有餘淸○權近應　制詩伊昔赫居世開邦五鳳年相傳千歲久粗保一隅偏刼獻鷄林土來朝鵠嶺天綿綿三姓祀永絕正堪憐○金銚詩離離禾黍盡農家處處遺墟塔廟多古國千秋市朝變山花依舊占年華○朴元亨詩東都城郭變村家玉笛閒吹春思多五塚纍纍荒草合一千年事摠朝華○成俔詩閭閻半是梵王家一片斜陽古意多幾處諸陵金盌出野花啼鳥自年華○當日城中閒幾家池臺處處夕陽多祇今草木渾依舊留與樵人管物華○尹子雲詩羅代遺墟百姓家五陵秋草夕陽多微茫往事問無處籬下寒花泣露華○鄭孝常詩前身何處是吾家獨立蒼茫百感多寂寞千年王謝事閒吹玉笛尙豪華○盧盼詩舊時春燕入誰家遼鶴歸來丘壠多只有今人能解事閒吹玉笛弄韶華○崔淑精詩當年黃葉起西風玉笛吹殘王氣終三姓代傳城郭在一千年過市朝空亭摧鮑石秋蕪綠臺兀瞻星夕照紅陳迹宛然人去盡倚闌無語送飛鴻○金淡詩

春在桑麻撲地家錢塘十萬氣蒸霞六年坐嘯能無愧巾上青天只隔紗○朴文佑慈仁縣詩葉脫山容瘦軒明日脚斜隔溪脩竹塢犬吠有人家○十二詠鷄林靈異徐四佳詩金鷄啁哳樹蒼蒼九百年來葉盡黃朴祖開邦傳鵠祖金王納土似錢王傷心三姓皆顚蹶滿目諸陵已廢荒千古英雄無限恨淡烟衰草更斜陽○魚世謙詩往事曾聞兀老蒼笑呼毛穎趂鵝黃鷄號樹下開新主鵠噪江邊換舊王民物漸多聞狗吠山川粗得記狠荒一從鵠嶺青松後回首前朝又夕陽○鰲山奇勝徐四佳詩海上金鰲眺望宜風流文物異前時破碑或見金生字古寺曾留致遠詩甲第有基荒薺合名園無主斷橋危春愁如許深於海鐵笛何人滿意吹○魚世謙詩青山碧海兩相宜誰遣金鰲瑞一時喬木帶煙餘古國騷人嘆黍揔新詩芙蓉擘出從來勝猿狖攀呼望處危日夕孱顏青靄合晚風偏向鬢邊吹○鮑亭感懷徐四佳詩鮑石亭前立馬時沉吟懷古思依依流觴曲水基猶在醉舞狂歌事已非未有荒淫不亾國那堪慷慨獨霑衣行行吟過五陵路石堡金城共落暉○魚世謙詩鮑石亭邊日落時野棠無主自相依當年不省三風戒瞥眼堪傷萬事非花落不禁隨白水杯行何忍易青衣尋思是處無窮恨付與啼禽怨夕暉○蚊川驛望徐四佳詩行渡汶川過別村故都遐想不勝繁鳥啼深樹思金甲蛙吠寒塘憶玉門白乳荒唐崇像教黃童慷慨報君寃流水不洗前朝恨蕩滌須憑北海尊○魚世謙詩倦童疲馬抵孤村野草林花各自繁寂寞無人咨往事荒凉何處是脩門月明鰲岫添新恨雨過蚊川洗舊寃滿目江山今古意斲漓誰解返汙尊○半月古城徐四佳詩半月城頭日欲西遠遊情思轉凄凄青浮楊麓雲烟老黃落

始林歲月迷明活村南雲渺渺興輪寺北草萋萋百年坎軻知何用贏得樽前醉似泥○魚世謙詩破月城東日本西廣寒風露想增凄羿妻靈藥今誰在唐帝銀橋迹已迷空苑幽禽隨意囀古原芳草滿情萋可隣當日笙歌地化作田家壁上泥○瞻星老臺徐四佳詩古臺牢落號瞻星遺跡依然近月城地悴天荒年已久風摧雨剝勢曾傾孤山落日金仙影故壘悲秋玉笛聲三姓千年曾一瞥不堪登眺更傷情○魚世謙詩太史觀天候列星崇臺百尺軼層城紫霄一望災祥著黃道終嗟日月傾尚有金烏朝送影更無玉漏夜傳聲登臨且莫看雲物古國令人鮮愴情○芬皇廢寺徐四佳詩芬皇寺對黃龍寺千載遺基草自新白塔亭亭如喚客青山默默已愁人無僧能解前三語有物空餘丈六身始信閻闍半佛宇法興何代似姚秦○魚世謙詩古寺一遊僧不古新羅千載事還新殿宇有基資野叟山河無主屬眞人孤塔已湮前後面老松猶在半邊身千函聞道煩三藏百計何能護一秦○靈妙舊刹徐四佳詩舊刹苕嶢接上蒼千年往事已凄凉石龕零落埋幽徑銅鐸丁當語夕陽遺老至今談女主古鍾依舊記唐皇摩挲短碣移時立剝落莓龍字半荒○魚世謙詩滿庭松檜曉蒼蒼楓葉迎人觧送凉一代天花眞福地百年秋草又斜陽鬼神共護餘高殿龍象爭趨奉覺皇莫把遺龕誇女主古都宗社已榛荒○五陵悲吊徐四佳詩徐伐千年王氣銷五陵深處吊前朝馬嘶龍誕曾荒恠鵠浦鷄林共寂寥玉帶寶隨金櫝盡銅駝影接石羊搖更無齒餠能傳祚春樹年年語伯勞○魚世謙詩日暮征人魂欲銷悲風急起凛霜朝王侯有種多丘隴魂魄無歸返泬寥石臥麒麟空慘慘心縣旗旆正搖搖可憐三姓俱塵土擬拍洪厓

過二勞○南亭淸賞徐四佳詩城郭人民是又非倚闌豪嘯澹忘歸閼英殿裏龍應去脫鮮海邊鵲不依蘿井樹陰依舊暗竹陵筍籜至今肥可憐當日繁華地天地無情幾夕暉○魚世謙詩古國繁華事已非只應騷客跨驢歸年深東海疑還淺風軟南亭尙可依草合陽坡黃犢健花浮春水白魚肥山川如此須行樂何用登臨恨落暉○聞玉笛聲徐四佳詩故國興亡一笑新當時三寶盡成塵金輿自屈知何主玉笛仍傳又幾春愛惜只堪存古物風流不必效前人殘城落日休三弄長使英雄淚滿巾○魚世謙詩月白金鰲天氣新一聲吹徹動梁塵截肪遠想離崐日按律時聞折柳春雲遏靑霄驚鬼母珠跳蒼海泣鮫人羅都舊物無多在留使豳王聽岸巾○過庾信墓徐四佳詩金老墳前石獸危千年劒氣尙奇奇綸巾白羽追前業丹荔黃蕉起後思有客題詩誇壯烈無人穿塚近要離天官寺古知何處萬古蛾眉姓字隨○魚世謙詩將軍與國共安危百戰場中每出奇起滅强隣同俯拾長教壯士費追思星臨頭上因忠烈劒躍腰間爲亂離三尺荒墳一盃酒九原如此定相隨○七詠佔畢齋金宗直詩〔會蘇曲〕會蘇曲會蘇曲西風吹廣庭明月滿華屋王姬壓坐理繅車六部女兒多如簇爾筥既盈我筐空釃酒揶揄笑相謔一婦嘆千室歡坐令四方勤杼柚嘉俳縱失閨中儀猶勝跋河爭嗃嗃○〔憂息曲〕常棣華隨風落扶桑扶桑萬里鯨鯢浪縱有音書誰得將常棣華隨風返鷄林鷄林春色擁雙闕友于歡情如許深○〔鵄述嶺〕鵄述嶺頭望日本粘天鯨海無涯岸良人去時但搖手生歟死歟音耗斷長別離死生寧有相見時呼天便化武昌石烈氣千載干空碧○〔怛切歌〕怛怛復忉忉大家幾不保流蘇帳裏玄鶴到揚

且之晳難偕老忉怛忉怛神物不告知柰何神物告兮基圖大○〔陽山歌〕敵國爲封豕荐食我邊疆赳赳花郞徒報國心靡遑荷戈訣妻子嗽泉啖糗糧賊人夜劘壘毅魂飛劒鋩回首陽山雲矗矗虹蜺光哀哉四丈夫終是北方强千秋爲鬼雄相與歆椒漿○〔碓樂〕東家砧舂黍稻西家杵擣寒襖東家西家砧杵聲卒歲之資贏復贏儂家窖乏甑石儂家箱無尺帛懸鶉衣兮藜羮椀榮期之樂足飽煖糟妻糟妻莫謾憂富貴在天那可求曲肱而寢有至味梁鴻孟光眞好逑○〔黃昌郞〕若有人兮纔離齠身未三尺何雄驍平生汪錡我所師爲國雪恥心無憀劒鐔擬頸股不戰劒鍔指心目不搖功成脫然罷舞去挾山北海猶可超○雜詠俞好仁詩孤臣一死答君恩萬里扶桑漢節尊鵄述峯頭三丈石愁雲猶帶望夫魂○八月金城月正圓纖纖麻枲鬪嬋娟會蘇凄斷嘉俳夕兩部風光尙宛然○南院樓臺艶綺羅春風長是步婆娑月明萬戶砧聲冷擣盡先生百結歌○軒天撼地踏三光河嶽英靈聳萬方浮世石羊與武墓西風黃葉上書莊○荆棘銅駝九陌非軟紅今化刼灰飛乾坤百變無餘物留得鰲山碧四圍

雜著補遺

萬曆二十七年己亥十二月二十七日

〔宣諭記事〕今年夏安撫御史司憲府執義李尙信回自嶺南復　命訖書啓略曰慶州蔚山當賊路初程將士戮力分據要害捍禦兇鋒終始不少懈東都之得全蓋賴其力盡施

恩典以慰其勞　上可之諭臣浚謙若曰今觀李尙信書啓慶蔚兩邑力戰之功予甚嘉之將遣御史以勞之卿其多辦酒肉木布候御史到日犒饗頒給以諭予意者旣而　宣諭御史　世子侍講院弼善知製　敎臣尹暉賚奉　敎書一通馳到慶州府合兩邑將士擇日頒敎　其書曰海賊負恩澤初肆射天之兇謀邊圉失金湯忍見塗地之酷禍長驅莫遏大勢已傾衆皆顧影而偸生爾尙奮身而敵愾執訊獲醜於萬死裏瘡飮血者幾時人可卽戎縱累朝威惠之素服衆各爲戰實爾輩忠憤之所由靡室靡家已無繫累之事爾矛爾戟益捍衛之誠庸詎知孑遺之餘猶抗此方張之勢衽金浴鐵蟣生虎褐之年年炊劒淅矛魚服獸盾之夜夜妻妾編郞墨之行伍蚍蜉絶睢陽之聲援涉月踰時猶嘆旄丘之誕節經歲積稔幾感隴樹之隕黃爾身九殞而一生我國幾亾而再造是知疆域之得保實賴保障之猶存非汝輩早奮義而先之則國家遂失南也久矣宜擧不踰時之軍賞用慰爭赴敵之衆心第兇賊初過于今而我國孔棘猶昔玆焉未暇夫豈敢忘是崇是褒久緩策勳之典于槖于囊未繼宿飽之饟由予不德之攸致轉予于恤之何安故遣予一箇邇臣以勞爾七年積苦激將士願戰之氣慰黎庶厭亂之情豈足酬乎爾功聊以敷乎予意天高日遠嘉乃不失葵藿之忱谷邃林深慚我不偏雨露之澤故玆敎示想宜知悉　知製　敎朴而章製　進仍宣酒醞賜以木布有差於是慶州折衝將軍黃希安等二百十五員名蔚山折衝將軍朴鳳壽等一百六十五員名咸造在庭感激　恩眷莫不咨嗟攢祝至有流涕者酒半起而合辭言曰始之荷戈討賊幸立尺寸之功只欲復父兄之讐延朝夕之命而不圖微勞上徹　王爵

橫加恩至渥矣分已逾矣豈知萬死餘生復蒙今日之　霈澤耶相與飽　德醉酒皷舞聖化夜分乃罷雖古之勞軍灞上布敎山東殆無以過此猗歟休哉咸曰盛事也不可以不記以爲後來軍民觀感之地臣浚謙職是道主拜手稽首謹叙其顚末而仍記押宴官僚暨將士之名姓職號于下時萬曆二十七年十二月二十七日御史奉正大夫　世子侍講院弼善知製　敎臣尹暉　觀察使嘉善大夫兼兵馬水軍節度使巡察使臣韓浚謙　兼蔚山都護府使折衝將軍守左道兵馬節度使臣郭再祐　守慶州府尹通政大夫慶州鎭兵馬節制使臣李時發　折衝將軍行副護軍臣朴鳳壽　折衝將軍行副護軍臣朴利孫　折衝將軍行副護軍臣金允福　折衝將軍行副護軍臣黃希安　折衝將軍行副護軍臣朴應琢

金時習夫子廟詩孔庭松檜翠含烟天祐斯文幾百年浮海夙心今不爽三朝東域祀明禋○蚊川詩蚊水沄沄遶古京淘沙西下細無聲還如敬順歸王化卸甲投降不敢爭○南亭詩綠樹陰陰遶一亭蚊陽芳草檻前青一鄉斯友琴棋散時有清風撼四欞○北川金周元公址詩元聖周元相讓時北川霖雨漲無涯夷齊太伯那專美千古江山有舊祠○天龍寺感舊詩齊顏二女號天龍爲祝延齡作梵宮往事已成塵土夢空餘山鳥自呼風○太櫓院即南郊距鮑石亭二三里懷古詩禾黍離離原野長高低壠上散牛羊南郊昔日人扶醉粉黛金釵十二行○登東山嶺望海詩東望扶桑縹緲中海天無際思無窮鯨波淼淼涵朝日鰲背茫茫隔遠空世上不聞丹竈驗人間唯見白頭翁牛山何必流寒涕生死興亡古今同

○近思齋朴啓賢十六詠獨樂堂詩丹碧非奢獨樂堂下車磬折感衷腸窮通所在終何事不改顏瓢一味長○紫溪谷口詩谷口休揚馹騎塵原頭恐浼耦耕人深林往往逢簑笠莫是明時鄭子眞○紫玉山詩千峯紫玉落晴天形勝曾於國誌傳今日看看眞面目令人直欲賦歸篇○舞鶴山詩獨樂堂前舞鶴山千秋如見鶴飛還仙遊倘遇王喬輩山上白雲空自閑○淨惠寺詩淨惠伽藍創幾年藤蘿深處近諸天讀書人去仙寮在耆衲猶能說大賢○道德山詩道德山連紫翠重堪將兩大較雌雄等閑高幷何須說却比先賢道德崇○華蓋山詩亭亭華蓋起天東東海羣賢若可從我欲問山山不諾千巖萬壑盪心胷○紫溪詩上盡清溪靜不喧問君何地覔眞源倚笻斜日茫然久只愛潺湲洗醉魂○養眞奄詩朴素溪亭壓水頭十年心計一菟裘當時手種松兼竹戰勝風霜閱幾秋○觀魚臺詩臨臺盡日獨觀魚至樂應須到物初欲把萬殊歸一理問君曾見漆園書○詠歸臺詩東風着物競芳菲春服初成獨詠歸坐久當年行道處游魚飛鳥鮮忘機○濯纓臺詩昔賢曾此幾閑行臺下溪流徹底清一哂只應除萬慮令人不敢濯塵纓○澄心臺詩澄心臺境最幽深翠壁如屛嘉木陰更有清潭涵碧玉相思何日奏瑤琴○洗心臺詩紫玉山高溪水深盤陁有石可登臨洗心臺廢無人見悵望無由問洗心○獅子巖詩獅子奇巖枕碧潭至今遺跡付宜探要看萬象皆歸處此地終須結草菴○龍湫詩波瀾渟蓄是龍湫神物蜿然黑處游莫道淵潛但貪睡旱天霖雨此曾求

〔徵禮門上梁文正郞全克恒所著〕述夫頳苔翠蘚荒城餘滿月之形碧瓦朱欄傑構聳連

雲之勢雖復陳圭置臬妙範無方較短量長奇模不測非人力也有鬼相之粵若脫鮮王之邦實惟赫居世之國亭臯一望龍盤虎踞之諸峯里開三分狗吠鷄鳴之四境唐都物候裴秀之輿圖可知楚壁山川屈平之詞賦卽在當景哀之荒樂席眞智之富强鐵鳳連甍仙閣擁三河之濟玉虬承霤珠宮橫九洛之涯繁華爲縱觀之塲滿溢是招損之地炎涼代謝幾過鮑石之星霜灌莽蕭條一夢鷄林之文物漢家簫鼓沉流水晉代衣冠成古丘昔之徐耶伐實區今者大都護鎭管府城南門樓者蓋故國之餘址而何時所建耶爾其傍連絕壑俯壓長郊閣道三休隱隱垣墉之却峙庭衢四會翩翩冠蓋之相追玆嶺外之要衝信江南之佳麗林泉糾合園花徑竹之家家島嶼縈迴岸芷汀蘭之處處占靈基而得雋爲勝地之先鳴豈非列仙之庭君子攸芋者也洎金戈鐵馬逢否運於搶攘鑿齒雕題逞凶謀於刼掠珉房砥室隨烈火而皆紅綉桷琱榍變寒灰而盡黑悲秋作客底處咏子美之詩暇日消憂何從題仲宣之賦　國家見蛙怒而憑軾因羊亡而補牢拓土開疆臺隍依峴首之峻深溝高壘保障據晉陽之雄巡察使吳公任重藩維才全文武承流宣化甘棠歌召伯之巡仗鉞褰帷高柳頌趙公之德加以陳師鞠旅高牙大纛之營方卦圓蓍剡木弦弓之射鍛乃礪乃五申九伐之兵築斯鑿斯百勝萬全之策家君分憂北闕作尹東京謫守巴陵修岳陽之滕子始治官舍記喜雨之蘇公廣廈千間竊意俱歡之庇高堂九仞何心獨享之安通判李公隴西名門李下華胄黃龍塞上今生猿臂將軍白玉京中夙世蛇神詞伯功深半刺跡猶逸少之池亭意築三城氣則元龍之湖海咸以爲重檻畫栱斯避風雨之災廣榭崇臺乃稱高明

之位故靑蓮居士願已諾於三登紫府神君役何憚於再舉而況王公設險常思備禦不虞長子率師必倚關防無患是以岷墟奧壤劒門非萬夫之開秦塞雄都函谷是四海之固盍遵往哲重緝奇功於是探舊制於斯千稽前規於大壯容成校曆立柱知擇日之宜郢匠揮斤掄村獻生風之巧因高背下瞻此日之崔嵬去故就新笑當時之朴陋層軒回雪斜通屛翳之宮綵檻臨風直遏飛廉之路重門擊柝還疑雪嶺之遙懸百尺高樓更訝柳州之登眺白蘋紅蓼可成洞賓之淸遊秋水長天奚啻子安之勝槩驅馳耳目于以極視聽之娛放浪形骸於焉洩鬱快之思聊興善頌式播徽猷拋梁東萬里滄溟一望通却憶新羅全盛日海神來舞綺筵中拋樑西鍊劒峯頭春日低何處荒凉舒發墓斷碑無字草萋萋拋樑南千丈鰲岑綠似藍學士至今遺跡在古庄回首思何堪拋樑北遙望三霄雲氣黑要識孤臣戀闕心須看列宿環宸極拋樑上幾度風淸兼月朗鶴氅綸巾默坐時一般意味何蕭爽拋樑下獨倚晴窓臨大野宇宙茫茫人許多不知誰是男兒者伏願上梁之後乾淸坤夷家給人足一樽談笑文翰則大夫相如五夜笙歌風流則從事杜牧西川節度籌邊有龍劒之光南國佳人席上無燕樓之恨都人襲賞時尋鷄黍之盟野客頻留或起漁樵之興環四時而競爽寫千里之長懷

〔鄕校松壇記師傅鄭克後所著〕記曰夫人物之生於天地間者未有不終歸於澌盡泯滅者而獨有聖人之道亘萬古而長存與日月而並明此其所以舟車所至霜露所墜凡有血氣者莫不尊親者也其有樹木之生植榮悴於其間者似無與於人事而或托根於聖人游

詠之地羣弟子列侍之塲則人皆愛惜而保護之愈久而不衰者以其所敬存焉耳若闕里壇上之杏未知其何年枯何年盡而杏壇之名則傳之於永久至今如昨日事是則樹木之生而榮死且壽者亦係乎人也闕里中又有手植檜其數有三其大蔽牛歷秦漢猶榮茂如雲至晉永嘉年中枯死隋時復生唐時又枯死宋康定間復生女眞南侵厄及三檜樹不復生於是取以爲材命工刻先聖容及其諸賢像惟肖是樹木之生與死亦係於時運而其所以喪與未喪者則只在於天而已吾東方始立國學在於新羅神文之世自時厥後儒風蔚興我國文章至有伯仲於中國中國之人稱之以小中華或謂之君子之國我東方興學之效此其權輿也麗氏以來國學變爲鄉學而學宮之基則仍舊焉卽今之鄉校其地也　國朝二百年培養扶植之極其道此地種秀而至有陞祀於兩廡此則天運循環無往不復之理也不幸壬辰之變蕩然灰燼鞠爲茂草者八年萬曆庚子歲府尹李相公時發來莅于玆遂卽重新聖廟于舊址且率諸生以小學之敎爾後十有五年甲寅東岳李相公安訥尹玆東土仍建彝倫堂于聖廟之後亦仍舊制也數月之間輪焉奐焉而文翁之風丕變焉前後二相公衛道興學之功於是爲大而迄未有記其年月以傳諸後者人或以爲缺歎於斯矣就以植物之人所共見者言之學宮之傍舊無松栢之樹往在重新聖廟之翌年辛丑春密城孫公起陽領敎事于玆率諸生取松于南山之雨移種於前門之前後墻之後者凡若干株於今五十有餘年拱把而欲參天顧以樹在墻後人以未得日對歲寒之姿爲歉焉今年春遂用役夫運石而砌之前爲三尺之階闢地而築之後有數仞之墻恢恢然作一松壇自

玆以往凡入于儒宮者可以講道於斯可以習禮於斯可以游詠於斯不特此也潛心於對經之時則如承面命之辭側聽於風來之日則怳聞琴瑟之響後生之興起於斯者爲無窮矣然則此一松壇將與闕里之杏壇垂之於悠久而且當與天壤俱弊矣此其可以傳也於是乎書以識哉用諗于吾黨之君子云

〔萬歸亭記并詩師傅鄭克後所著〕記曰客謂烏川子曰子嘗名牙山蔣老之亭曰萬歸萬歸之義何居其有說乎烏川子曰客亦知夫天下之理乎四海之內朝宗于天子則天子爲萬物之首而萬方歸焉四瀆之水朝宗于東海則東海爲衆流之委而萬派歸焉豈惟中國爲然東亦有之左海之內朝宗于漢陽則漢陽爲萬世之都而萬民歸焉辰韓之水亦朝宗于東海則東海爲衆流之聚而萬水歸焉地有大小其理則同而彼其遠者則不可得以名焉今且竊取會萬歸一之義吾以名斯亭可乎況江以兄名江之爲衆流之長而甲於東都可知矣環東都數百里之內不擇細流而咸以是江爲歸焉所歸之源涓涓浩浩而不舍晝夜者豈止於萬頃波而已然則萬歸之名亦擧其大數焉客曰萬歸之義其止於此乎烏川子曰天下之理爲無窮如月落萬川而其必照之光一而已是則一本而萬殊也今玆萬歸之亭一也而萬歸之義則其端亦多吾且略擧其槩蓋自開闢以來又經幾千年而無一人結構於斯地而今主人乃始經營於此而亭之此則萬年之所歸宿也四時代序敷榮衰謝之不一而萬景森羅於目前此則萬象之所歸重也有亭翼然臨乎江上耳者目者傴僂而過于前者咸稱曰美哉亭乎夫天作而地藏之待時而以遺人乎此則萬人之所歸美也且

人之生也俱以三萬六千日爲期焉今吾與主人所得之年已經二萬有餘日矣自玆以往又享萬日而歸焉則斯亦足矣於是主人舉酒屬客一盃一盃百盃三百盃期以萬盃而歸焉因以請書以爲記詩曰東南萬壑赴兄江淑氣千年蔭此邦慳秘待人留勝境經營拓地啓晴窓寒潭秀色靑天一沙渚閑飛白鳥雙欲寫箇中無盡意老來安得筆如杠 鄭系出烏川故自號烏川子

異聞

〔細綃祭天〕阿達羅王四年東海濱有迎烏郞細烏女夫婦同居一日迎烏採藻海邊忽有一巖一云一魚負歸日本國人見之曰此非常人也乃立爲王細烏恠夫不來尋之見夫脫鞋亦上其巖巖負歸如前其國人驚訝奏獻於王夫婦相會立爲貴妃是時新羅日月無光日者奏日月之精今在日本故致斯恠王遣使求二人迎烏曰我到此地天使然也今何歸乎雖然朕之妃有所織細綃以此祭天可矣仍賜其綃使者來奏依其言而祭之然後日月如舊藏其綃於御庫名其庫爲貴妃庫名祭天所爲迎日縣〔○知幾三事〕善德女主時唐太宗送畫牡丹三色並其實三升主見畫花曰此花定無香仍命種於庭待其開落果如其言又靈妙寺玉門池冬月衆蛙集鳴三四日國人怪之聞於主主急命角干閼川等率精兵速去西郊問女根谷必有賊兵掩殺之閼川旣受命聞西郊富山下果有女根谷百濟兵來伏並殺之羣臣啓主曰何以知之主曰畫花而無蝶知其無香斯乃唐帝譏寡人之無偶也

蛙有怒形兵像也玉門者女根也女爲陰也其色白白西方也故知兵在西方男根入於女根則必死以是知其易敗主無恙時謂羣臣曰朕死於某年某月日葬我於忉利天羣臣罔知其處奏云何所主曰狼山南也至其月日果薨葬於狼山之陽後文武王創四天王寺於王墳下天王卽佛經所謂忉利天也此乃知幾三事也羣臣皆服其聖智以上出東史補遺

○〔入山誓天〕金庾信見麗濟靺鞨侵軼國疆慨然有削平之志獨入中嶽石窟齋戒告天誓之曰敵國無道侵擾我封場一介微臣不量材力志淸禍亂惟天降監假手於我無何有一老人被褐而來曰此間多毒蟲猛獸貴少年爰來獨處何也庾信再拜懇請授方術老人遂授秘訣曰愼勿妄傳用之不義反受其殃言訖不見庾信嘗携寶劒入咽薄山燒香告天夜有虛角二星光鋩下垂劒若動搖然出東國通鑑

○〔賜爵栢蘇〕孝成王在潛邸嘗與信忠圍碁栢樹下謂曰他日我不忘汝汝亦不改貞操有所負者有如此栢王卽位錄功臣而遺信忠信忠作歌帖栢樹樹忽枯王恠使審之得歌大驚曰幾忘乎角弓矣召賜爵栢乃蘇

○〔處容歌舞〕憲康王出遊鶴城今蔚山忽雲霧冥噎迷失道恠問左右日官奏云此東海龍所變也宜行勝事以解之於是勑有司爲龍創佛寺施令已出雲開霧散因名開雲浦龍喜乃率七子現於駕前讃德歌舞其一子隨駕入京名曰處容王旣還乃卜靈鷲山東麓勝地置寺曰望海寺爲龍而置也

○〔御舞祥審〕憲康王幸鮑石亭山神現舞於御前左右不見王獨見之王自作舞以像示之神之名或曰祥審故國人傳此舞曰御舞祥審或云神旣出舞審像其貌命工模刻以示後故曰像審

○〔都波歌〕憲康王幸金剛嶺北岳神呈舞名

玉刀鈴又曰同禮殿宴時地神出舞名地伯于時山神獻舞唱歌云智理多都波都波者蓋言以智理爲國者知而多逃都邑將破云也地神山神知國將亾故作舞以警之而國人不悟謂爲現瑞耽樂滋甚以至於亾〇（旋風起塚）大曆十四年惠恭時忽有旋風從庾信塚起中有一人如將軍儀狀亦有衣甲器仗者四十許人隨來入於竹現陵俄而陵中似有振動哭泣聲或如告訴之音其言曰臣平生有輔時救亂匡合之功今爲魂魄鎭護邦國攘災救患之心暫無渝改庚戌年臣之子孫無罪被誅君臣不念功烈臣欲遠移他所不復勞勤願大王允之王答曰惟我與公不護此邦其如民庶何公復努力如前三請三不許旋風乃還王聞之懼乃遣金敬信就其墓謝過焉爲公寘寶田于鷲仙寺〇（夢星入懷）元曉俗姓薛母夢流星入懷因而有娠及將產有五色雲覆地生而頴異學不從師其遊方始末弘道茂跡具載唐傳與行狀師一日風顚唱街太宗聞之引師於瑤石宮因有娠生薛聰曉既失戒生聰已後易俗服自號小性居士偶得優人舞弄大瓠其狀瑰奇因其形製爲道具以華嚴經一切無㝵人一道出生死名曰無㝵仍作歌流于世千村萬落且歌且舞曾住芬皇寺撰三昧經置筆硯於牛之兩角上因謂之角乘旣入寂聰碎遺骸塑眞容安芬皇寺以表敬慕終天之志聰時旁禮像忽顧至今猶顧矣讃曰角乘初開三昧軸舞壺終掛萬街風月明瑤石春眠去門掩芬皇顧影空出三國遺事〇（葫蘆歌舞）昔元曉大聖混迹屠沽中嘗撫玩曲項葫蘆歌舞於市名之曰無㝵是後好事者綴金鈴於上垂彩帛於下以爲飾拊擊進退皆中音節迺摘取經論偈頌號曰無㝵歌至於田翁亦效之以爲戲無㝵智國嘗題云此

物久將無用用昔人還以不名名近有山人貫休作偈云揮雙袖所以斷二障三舉足所以越三界皆以眞理比之僕亦見其舞作讃腹若秋蟬頸如夏鼈其曲可以從人其虛可以容物不見窒於密石勿見笑於葵壺韓湘以之藏世界莊叟以之泛江湖孰爲之名小性居士孰爲之讃隴西駝李出破閑集二人相讓儒禮王賜印觀署調二人爵初印觀賣綿於市署調以穀買之而還忽有鳶攬綿墮印觀家印觀歸市謂署調曰鳶墮汝綿於吾家今還汝署調曰鳶攬與汝天也吾何受焉印觀曰然則還汝穀署調曰吾與汝市已三日穀已屬汝不受二人相讓幷棄於市而歸掌市官聞于王幷賜爵○(三龍變魚)元聖十一年唐使來京留一朔而還後一日有二女進內庭奏曰妾等乃東池靑池二龍之妻也唐使將河西二人而來呪我夫二龍及芬皇寺井一龍變爲小魚貯筒以歸願陛下勑二人留我夫我乃護國龍也王追至河陽館親賜享宴勑河西人曰爾輩何得取我三龍至此若不以實告必加極刑於是出三魚獻之使放於三處各湧水丈餘喜躍而逝唐人服王之明聖○(論虎藪)新羅俗每仲春初八日至十五日都人士女競遶興輪寺殿塔爲福會元聖王時有郞君金現者夜深獨遶有一處女念佛隨遶相感而目送之遶畢引入屛處通焉女將還現從之女辭拒而强隨之行至西山麓入一茅店有老嫗問曰附率者何人女陳其情嫗曰雖好事恐汝弟兄之惡也把郞而匿之少頃有三虎咆哮而至作人語曰家有腥膻之氣療飢何幸嫗與女叱曰爾鼻之爽乎何言之狂也時有天唱爾輩嗜害物命宜誅一以懲惡三虎聞之皆有憂色女曰三兄若能遠避我能代受其罰皆喜而遁去女入謂郞曰賤妾之於郞君雖曰非

類得陪一夕之歡義重結褵之好三兄之惡天旣厭之一家之殃予欲當之與其死於他人之手曷若伏於郎君之刃以報之德乎妾以明日入市爲害則國人無如我何王必募以重爵而捉我矣君其無怯追我於城北林中現曰異類而交蓋非常也何可忍賣於伉儷之死僥倖一世之爵祿乎女曰妾之壽夭蓋天命也亦吾願也郎君之慶也予族之福也國人之喜也一死而五利備其可違乎但爲妾創寺講眞詮資勝報則郎君之惠莫大焉遂相泣而別翌日果有猛虎入城中剽甚無敢當王聞之申令曰戡虎者爵二級現詣闕曰小臣能之乃先賜爵以激之現將短兵入林中虎變爲娘子熙怡而笑曰昨夜共郎君繾綣之事惟君無忽今日被爪傷者皆塗興輪寺醬聆其寺螺鉢聲則可治乃取現所佩刀自剄而仆乃虎也現出曰虎已搏矣匿其由不洩但依諭而治之其瘡皆效今俗亦用其方現既登庸創寺於西川邊號虎願寺常講梵網經以導虎之冥報名其林曰論虎林讚曰山家不耐三兄惡蘭吐那堪一諾芳義重數條輕萬死許身林下落花忙 以上出三國遺事〇（拜里在府南二十里金鰲山西麓） 俗傳新羅時民俗爭崇佛事父母死日必請僧飯之故時人稱忌日爲僧齋有一老相謂其所親僧曰明日乃吾先忌也汝須力求高僧而來其僧果率一老衲而來視之不似高僧相怒責之曰汝烏得爲高僧乎僧怒起拂袖一獅兒自袖而出卽乘之騰空而去相始覺其神異徒步追之僧飛入舍羅山相悔之終日望拜于山下故其下里名謂之拜里〇（金尺院在府西二十五里） 俗傳羅王得一金尺人死人病以此尺之則死者生病者蘇爲國所寶中國聞之遣使求之羅王不欲與之藏於此造山三十餘以秘之因立

院舍故名焉或云新羅始祖微時夢見神人自天而來以金尺授之曰汝聖神文武民望久矣持此金尺以正金甌夢覺則金尺在手云○(鵲院在府西三十里)俗傳金庾信大擧兵伐百濟留陣于此濟王聞將軍神筭患之濟王女進曰彼雖神將我國有自勇兵器不足憂然請往覘之幻身爲鵲飛入羅軍陣中噪于旗上諸將以爲不祥將軍以劒指之鵲墜地化爲人乃濟王女也因立院以名之

東京雜記卷之三終

東京誌誌新羅赫居以後事蹟者也未知書成於何時而己酉年間閔侯周冕所刊板本歲久殘缺近年莅此府而欲詳古蹟者只皆謄覽舊本而已不思廣布之道此不但一府之欠事如使舊本萬一有遺佚之患羅代千餘年事實將湮滅而不傳後無考信之處豈不大可惜哉余自到任以來有歉於此欲爲改刋而時詘未遑矣今者瓜期已迫公務稍暇鳩聚板仍舊重鋟以壽其傳略叙顚末于卷尾云爾

歲辛卯仲春下澣府尹宜寧南至熏識

桑村金先生月城人也仕於麗季貞忠大節昭在史乘而其秋嶺就義尤卓絶焉不佞適守是邦按圖經求遺蹟見所謂東京誌誌中所載先生名諱事實舛誤相反不覺愕然何幸公議不泯遠近章甫合謀釐改嶺人士之崇慕節義類多如此舊謬既正新本益重嗚呼是舉也於先生何有而乃士林之幸不佞之托名是役亦不無與榮本鄉先輩事實未著白者並付公議略加添刋云爾

歲在乙巳季春下澣府尹昌寧成原默識